稲田和浩

師弟論

伝統芸能とパワハラ

彩流社

目次

前文

あなたには師匠がいますか？

えっ？

師匠って何？

学校の先生は師匠？

うーん、教わるんだから師匠かもしれないし、教師であって師匠とはまた違うかもしれない。

一応、辞書で引いてみる。

「①学問、技芸などを教授する人。先生。②遊芸を教える人。またはその敬称」

先生も辞書の意味的には師匠になる。

ただ、ここではいわゆる学校の先生は別としたい。大学院などで学問を究めようという人はまた別として、技芸、遊芸の師匠、あるいは先生でも、先輩でも、人生の指針を示してくれたような人や、その道の道標となってくれた人を「師匠」として考えてみたい。

職人、料理人、武芸……、あとは遊芸とあるように、音曲、舞踊、演芸などになるのだろうか。

技とか芸とか、お家芸というような型や、それを行うに当たる精神的なもの、思想とか、もっと言ってしまえば秘伝の伝授、そういうものを誰かに教わったことがありますか?

技や芸を何代にも渡って作り上げ、そして、それを伝授し継承してゆくための師弟、そういう関係は現代においても、職人や芸人の世界には残っている。

辞書の「②遊芸を教える人。またはその敬称」、音曲や舞踊を教えている芸人を「師匠」と呼ぶ。師匠には月謝を払ってその技芸を学ぶ弟子がたくさんいる。一方で、プロとして、技芸を継承する弟子もいる。そうした弟子は月謝は払わない(払う人もいるが)かわりに、師匠の身の回りの世話などをし、師匠の技芸に対する考え方、思想を学び、プロとしての技芸を身に付ける。そして、弟子の中で選ばれた何人かが秘伝を伝授されて継承してゆく。

そういう徒弟制度というのが、伝統文化の中にはたくさん残っている。

ジャンルによってもさまざまだが、徒弟制度において、師匠は絶対だと言われている。師匠が「白」と言ったら黒いものも白だ。一般的には黒でも、そのジャンルを極めたものには白く見えるものが稀にある。黒いものが白く見えるように師匠の技や思想を学べ、という意味もあるかもしれないし、ただその師匠が偏屈なだけかもしれないのだが、徒弟制度というのはそういうものらしい。

無理偏に拳骨と書いて師匠と読む、なんていうことを半ば冗談で言ったりもする。

まわりくどい前置きから入った。

この本を出すきっかけ。

ある若手落語家が師匠をパワハラで告発した。

最初にその件を耳にした時は、世の中、いろんな人がいるよなぁ、くらいの反応だったと思う。

「思う」というのは別にたいして気にも止めていなかった。

世の中的にパワハラ、セクハラがよくない、というのはわかる。会社なんかでも、経営者や上司による酷いパワハラの話も聞く。鉄拳制裁は流石にないだろうが、いわゆるブラック企業なんかもある。過酷な残業をしいたり、罵倒や、職場内での差別、そういうのはどんどん摘発されればいい。風通しもよくなろう。宴会での酒の強要、女性社員へのお酌の強要なんていうのは論外だ。

ブラック企業で会社ぐるみでハラスメントを奨励しているような企業もあれば、古い体質が変わらず残っていて、罵倒などを含む厳しい指導が、指導される社員のためになると頑なに信じている社員がいたりする企業もある。かつてはそれも当たり前だった。あるいは、ワンマン経営者に社員たちが忖度し、結果、ある部分へハラスメントという形になって押し寄せてしまうようなこともあったりする。

私も短い間だがサラリーマンをやったことがある。罵倒はあったな。上司にご祝儀ちょろまかされたこともあった。それは三十年以上も前の話だ。

落語の世界はどうか。落語界には、真打、二ツ目、前座、見習い、という厳しい身分制度があるという。それはよく落語家が高座で言っていることで、身分制度と言えばそうなのだが、カースト制度や士農工商のような身分制度とは違う。つまり、誰でも入門すると見習い、しばらくすると前座、何年かすると二ツ目、それから真打と、年月を経てきちんと昇進してゆく。その段階で、それぞれの修業がある。身分というよりは、修業形態の段階だと認識している。相撲のように勝てば身分が上がる、というものでもない。ほぼ年数で決まる。ただし、それは戦後のことで、戦前まではまた違ったらしい。そのあたりはまた、あとで記す。

落語界の身分制度は、現代においては修業の過程をいうと思っていい。もちろん、いわゆる上下関係ではある。

前座は寄席の雑用などをし、寄席や落語がどのようなものかを学ぶ。寄席に毎日通い、落語漬けになることで、落語の技だけでない、落語とは何かを習得する。二ツ目は雑用からは解放されるが、落語で食べて行く道を見付ける修業になる。勉強会をやってネタを増やしたり、マスコミに売り込んだり、ご贔屓に「よいしょ」をしたり、落語家としての自立を学ぶ。そして、真打。ここからは、さらに落語を極めるための修業となる。

これはあくまでも原則であって、一門や師匠の考え方によって、それぞれの修業があったりする。厳しい師匠もいれば、放任の師匠もいる。芸には厳しいが、人間の優しい人もいれば、人間は厳しいが、芸は自由に学べと言う人もいる。

落語家の修業は厳しいとよく言われる。前座の楽屋仕事は半端な量ではない。出演する落語家の出囃子や、お茶の好み、着物のたたみ方なんかも全部覚えておかなければならない。それをやりながら、落語の稽古もする。しくじれば怒られる。

とは言え、昔はともかく、今は拳骨が飛ぶことはまずない。しくじれば怒られるが、謝れば許してもらえる。ドジも際立てば、逆にカワイがられたりもする。

ブラック企業の社員から落語家になったある若手が「サラリーマンの方が厳しかった」と言っていた。

落語家の師弟は個と個である。厳しい師匠や、臍まがりの師匠もいるにはいる。そういう師匠を選んで入った。罵倒を聞き流すのも修業、前座のうちだけの我慢という考え方もある。古い体質だが、落語界全体がハラスメント体質ではない。

ようするに、厳しいは厳しいが、寄席の楽屋はそんなに酷い環境ではないんじゃなかろうか。筆者はそんな風に思っていたし、世間もそう思っていたに違いない。

二〇二二年十月十二日、「Friday デジタル」に弟子の師匠への告発の記事が出た。告発したのは三遊亭天歌(現在は破門されたため、元・天歌を名乗っている)、告発されたのは天歌の師匠である三遊亭圓歌。圓歌は、「授業中」でおなじみの三代目圓歌門下、平成三十一年に四代目圓歌を襲名、三代目の薫陶を受け継いだ寄席の爆笑王である。

この記事は天歌が YouTube に取り上げ、Twitter などで拡散された。

この記事にまず反応したのは、天歌の仲間である若手芸人たちだ。「天歌さん頑張れ」「この記事に嘘はない。天歌はいい奴」「天歌の勇気ある告発」など。だが一方、一般の人たちの反応はちょっと冷たかった。「伝統芸能の世界への反逆」「師弟の絆とは法律でどうこういうものではない」「一人の心ない告発が伝統文化を崩壊させる可能性もある」など。

なんだなんだ？　一体何が起きているんだ。と、筆者もTwitterにリンクされている記事を読んだ。

そこには圓歌の天歌に対するパワハラの具体的内容、それが罵倒、罵声にとどまらず、暴力まであったこと、そこに法則はなく、圓歌の気分で怒鳴られていたことなどが記されてあった。そして、そのあとの記事で、告発に対して、落語協会[1]が何もとりあってくれなかったことなどを上げていた。

四月に施行されたパワハラ防止法で、パワハラに対しては管理者が、パワハラが起きないよう対処しなければならない。落語協会は一般社団法人であるから、その責任がある。なのに何もしない。Fraydayデジタルの取材に対しても、当事者の問題だからと取材に応じてくれなかったと書かれている。

社団法人であるから、事務員がパワハラを受けていたら対処しなくてはいけないんだろうが、落語家や色物といった会員、その個々の関係に、社団法人である落語協会に責任が生じるのか否か、そのへんの法律的なことはどうなんだろうね。

天歌とその弁護士は、落語協会に対しても、パワハラ防止の対策を求めてゆくことと、圓歌を民事、刑事両方で告発することを訴えた。

　筆者は実は圓歌をよく知っている。いや、ここ三十年くらいはよく知らない。圓歌がまだ歌吾といっていた八〇年代、「実験落語」(2)の前座を務めていた頃だ。三代目宅の広間でやった勉強会や、伝説となった、圓歌が前座時代に住んでいた埼玉の善兵衛荘で行われた落語会にも行っている。同年代だから、話もしたし、一緒に酒を飲んだこともある。悩んで、悩んで、それでも前向きに落語と向き合っていた頃の圓歌を知っている。その甲斐あり、圓歌は売れた。人気者になり、そのあとは寄席ではたまに見るが、話しをしたのは二〇一九年に師匠三代目圓歌の思い出話をインタビューしたくらいだ。

　天歌はお正月にやっているブークの「新作落語の会」(3)の楽屋で会ってはいる。筆者にとっては新作を志す頼もしい若手の一人、確かオーケストラあるある、みたいなネタをやって受けていた記憶はある。筆者は芸人ではないので、天歌にしてみれば、なんか知らない楽屋に来たおじいさん、くらいにしか思っていないだろうから、別に記憶にもないだろう。

「Frayday デジタル」の記事を読んだ最初の感想は、圓歌の暴力への驚きだ。多分、圓歌は病気なんじゃないかと心配した。

　加えて、罵倒や暴力に対する天歌の恐怖を考えると、心が痛んだ。そういうことは、伝統うんぬんとは関係ない。あってはならないことなんだよ。

そして、なんで落語協会が何も対処出来ないのか。いままでの落語界の慣習、おそらく社団法人という意識もあまりないいんだろうということ。昔、五代目柳家小さんが会長だった頃、ある落語家が落語協会の規約の開示を求めたところ、「そんな大事なものは見せられねえ」と答えたのは、おそらくネタだろうとは思うが、規約が秘伝書かなんかと思われていたような、それに近い認識はあったんだと思う。

と同時に昔から決まっている上下関係、落語家の世界の中では、会長とか役員よりも、先輩のほうがエライという、ひとつの規律がある。前座の頃に一から仕事を教えてもらった先輩だ。敬意をもって接するのは当たり前なのだが。圓歌は一九七八年入門、会長の柳亭市馬は一九八〇年入門、前座時代を一緒に過ごした、圓歌が会長の少し先輩に当たる。そんなことは関係ないのかもしれないが、そういう要素がまったくないとは言えまい。

こうしたトラブルに関して何か言うには、両方の話を聞いたうえで、客観的な言葉を選ぶのが常識である。しかし、訴訟になっていたり、具体的な話を聞くわけにもゆかないだろう。

この件が表に出て、圓歌のもとには一般の人からの非難の電話があったと聞く。そんなところへ電話なんか出来ない。

十月二十二日、圓歌は落語協会に天歌の破門届を提出。現在、二ツ目である天歌は真打の身内にならなければ落語家活動は続けられないらしい。現在は元・天歌として、訴訟、およびハラスメント防止の啓もう活動を行う予定でいる。

その間、元・天歌は弁護士の指導のもと、話せる範囲で、三遊亭はらしょう[4]とYouTubeで対談したり、また、圓歌への訴訟とは別に、落語協会に対して、ハラスメント対策の徹底を求める署名活動をはじめた。

落語協会は十月二十八日に会員に対しての説明会を行い、十一月二十一日にハラスメント対策の窓口を開設した。ただし、この窓口に対して元・天歌は不十分であると、YouTubeなどで語っている。

天歌の告発を受け、落語芸術協会に所属する笑福亭羽光[5]はハラスメントに対して自身の意見をブログに発表したし、十一月十九日には広瀬和生[6]らがトークショーでハラスメント問題を取り上げた。問題をタブー視して臭いものに蓋的に黙ることは、もはやないようだ。

ことはいろいろ動き出してはいる。

師弟とか、徒弟制度というものが、大きく変わるのか、いや、根本はゆるがないものなのか。

筆者は演芸評論家[7]という肩書で時おり、物を書くことがある。世間では誰も「演芸評論家だなんて認めていない」かもしれないが、そういう立場のつもりではいる。芸を見て、あれこれ論じるだけが演芸評論家じゃない。芸と社会との関り、そうしたものに客観的な考察をすることも演芸評論家の仕事だと思っている。そう思っていない演芸評論家もいるが、私はそう思っている。

これは元・天歌と圓歌の問題だけではない。

師弟ということについて、ちょっと考えてみる、いい機会なのかもしれない。加えて、世間一般であるところのハラスメントについても、考えてみたいと思う。

第一章　落語家の師弟とは何か？

最初にその件を耳にした時は、別にたいして気にも止めていなかった。と書いた。落語家の師弟は個と個のことで、師弟の絆はなかなか部外者にはわからないものがある。個人的に問題のある人がいないわけではないし、相性が悪いというのもある。それは仕方がないことで、一般社会にもないわけではないし、落語界全体の問題ではない、と思っていた。あと、落語家の弟子が師匠を訴えた訴訟事件は、実は今年(二〇二二年)に入って二件目だった。だからあまり驚かなかったのかもしれない。

一件目は七月一日に東京地裁で判決が出た。被告は快楽亭ブラック、訴えたのは元弟子とその女性友達で、ブラックが高座で語りCD化した内容が女性の名誉棄損に当たるという訴え。判決はブラックの敗訴で慰謝料(女性の精神的苦痛に対し)の支払いは命じられたが、名誉棄損までには当たらないとの判決(三三〇万円の訴えが判決は三十万で、関係者への謝罪もしなくてよい)であった。

この裁判では、ブラック側は、裁判所にメディアやチンドン屋を呼び、「前代未聞の弟子に訴えられた師匠」を演じ、裁判を洒落のめした。

快楽亭ブラックに関しては、かなり以前は親しくしていた。ブラックは立川談志門下で、歌舞伎、映画に造詣が深い。著書もあり、ブラックの話からは学ぶことも多かった。また、性風俗に詳しく、とりわけSMに関しては実践し探求していた。ある評論家はブラックを「性の冒険者」と呼んだ。落語も、「仮名手本忠臣蔵」の登場人物をゴジラやモスラにした東宝の怪獣映画のごとく語る新作「怪獣忠臣蔵」はじめ、歌舞伎や映画を題材に古典落語を改作、またSMを題材に古典を改作した「聖水番屋」などの作品でコアなファンを喜ばせていた。

平成十七年、借金問題から多くの不義理を作り、立川流を離脱。このあたりから筆者も疎遠になった。まぁ、筆者も少額だがお金を貸していたというのはある。高額借金をしていた人が大勢いて、むこうは筆者のことなど覚えてもいないのだろう。

訴えた元弟子も知らなくはない。以前、同じ区に住んでいた。古典落語を丁寧にやる落語家で、区内で勉強会を開催していた。区の観光協会の人が彼の勉強会に何度か行っていて、区のイベントに呼びたいと言われ、仲介した。

ブラックは裁判をエンタメ化することで、実害を回避したとも言える。「弟子が師匠を訴える」

ことは前代未聞で、その前代未聞の当事者になることが「邪道落語家ブラック」「弟子に訴えられた駄目落語家」というキャラクターの宣伝効果にもなっているのかもしれない。

判決後に支援者から「控訴しないのか」と言われたブラックは、「訴えられたから受けて立っただけで、訴訟そのものは野暮だ」とYouTubeで語っている。

そうなんだよ。落語家に訴訟は似合わない。「野暮」[8]という言葉が合っている。

法治国家に生きる私たちがトラブルに巻き込まれたら、裁判以外に道はない。しかし、それは洒落を主眼にした文化的な生き方を是とする落語家、いな、芸人全般にとって「野暮」以外の何物でもない。


だが、ことは「野暮」では済まされない。ハラスメント、しかも暴力をともなう行為が実際に行われていたとしたら。そこから身を守る手段は何があるのだろうか。


ブラックのことはどうでもいい。ただ、今年、そういう訴訟があったというだけでの話。

落語家の師弟は、職人の師弟や、会社の上司、部下、学校の先生、生徒、先輩、後輩とは違う独特のものがあるのも確かだ。

まずは落語家の師弟とはなんなのか、からお話しよう。

筆者は落語家ではないので、落語家の細かな心のやりとりまではわからない。ただ、演芸評論家を業としている上で知っていなければいけない寄席の楽屋のルールみたいなことは、おおよそはわかる。

また、平成二十二年、古典芸能エッセイストの守田梢路との共著『ザ・前座修業』(NHK新書)を著した。柳家小三治、三遊亭圓丈、林家正蔵、春風亭昇太、立川志らくに師弟についてインタビューした一冊で、五代目小さん／小三治、六代目圓生／圓丈、初代三平／正蔵、柳昇／昇太、談志／志らくの師弟関係の話、今、人気落語家となった桂宮治が当時は前座で、彼を通じて前座の生活の取材も行っている。それらを参考に話をすすめたい。

一　弟子入りしなければ落語家にはなれない?

落語家になるにはどうしたらよいか?

落語家の真打に弟子入りして修業をする、それしかないのである。

弟子入りして修業をすることで、落語家のライセンスが得られる。

ライセンスといったって国家資格でも認定資格でもない。ただ、寄席の高座に落語家として上がるには、真打の弟子になることは不可欠だ。立川流や五代目圓楽一門は末広亭などの寄席には出てはいないが、国立演芸場や横浜にぎわい座など、いわゆる寄席に出るためには、弟子入り修業は必要となる。また、立川流、五代目圓楽一門として行っている寄席形式の落語会はいくつかあり、そこに出演することが出来る。

しかし、落語家の活動は寄席だけではない。また、何も師匠に稽古をつけてもらわなくても落語は覚えられる。現実にＤＶＤやYouTubeで落語を覚えて、敬老会などでお金をとって口演している素人落語家もいる。

うん。いる。知り合いにもいる。でも、それはあくまで、素人落語家としてだ。お金をとっているったって大金をとっているわけではない。ボランティアには無償と有償がある。素人落語家だって、会場まで行く交通費だって掛かっている。いくらかもらうくらい、悪いことではない。

落語家の営業妨害じゃないか？　敬老会に芸人を呼ぶ方だって都合がある。素人で安い謝礼で出てくれてお客さんが喜んでくれればいいじゃないか。そんなことにいちいち目くじらを立てるプロの落語家はほとんどいない。

昔から天狗連（素人で落語をやる集団）はいて、大学の落語研究会なんかもそれに入る。プロの落語家に習って演じている素人落語家もいる。そうした素人がいることが、落語人気のバロメーターの一つでもある。

タレントがよく落語をテレビなどでやっている。それはあくまでも番組の企画であって、タレントが落語家になったわけではない。落語家よりも面白い？　かもしれないが、落語家ではない。

なかには、山崎邦正や世界のナベアツみたいに落語家になったタレントもいる。彼らは、落語を仕事の中心に据える決意をし、落語家として生きるために、落語家の師匠のもとに弟子入りをした。

邦正は月亭八方に弟子入りし、月亭方正となり、ナベアツは桂文枝に弟子入りし、桂三度となった。相応の修業を経て、現在、落語家として活動している。

俳優の風間杜夫も落語をやり、大きなホールで独演会も開催している。風間杜夫がやるんだから、うまいし、面白い。だが、風間の落語は古今亭志ん朝のＤＶＤで覚えた落語だ。落語家に習ったものではない。風間杜夫が名人を演じている「独演会」という芝居と思えばいいのではないか。それはそれで感動的だったりする。

「他の伝承芸能とは違い、落語は師匠の芸をすべて伝承するわけではないが、それぞれの師匠、一門が培ってきた芸の理念を受け継いゆくものなのだ。だから、入門して、修業をして、芸だけでなく、落語家としての生き方を学んで、初めて落語家になることが出来る」（『ゼロから分かる！図解落語入門』世界文化社）

落語家になるには、師匠から学ぶ落語家としての生き方のようなものが重要なのだろうか。

二　弟子入りの方法

これも個々の師匠によって、さまざまだ。

寄席で出待ちをして弟子入りをお願いする、家を訪ねる、誰か紹介者を介する、などの方法がある。

大学の落語研究会などに入っていれば、先輩で落語家になった人にいろいろ聞いてみるのもよかろう。優しい師匠か、厳しい師匠か、高座だけではわからない性格なんかも教えてもらえたりする。地域寄席などでは、会費制でお客さんも一緒の打ち上げがあったりする会もある。そういう打ち上げに出席して、師匠と仲良くなって、「実は」とお願いするのもあるかもしれない。

では、どんな師匠を選べばよいのか。

『ザ・前座修業』のインタビューでは、二人の落語家がまったく違うことを言っていた。

「弟子入りする時に、その師匠の芸に惚れるということはよくないことだと思っている。なぜなら、惚れてしまうとその師匠を超えられないからだ」(三遊亭圓丈)

「弟子入りって。職業の選択ではなく、人生の選択です。だから、惚れた師匠のところへ入門するべきだと思うのです」(立川志らく)

師匠選びも、人それぞれだ。いまはインターネットなどもあるので、師匠について調べることも出来る。

講談の神田伯山は、松鯉の弟子になるに当たり、鯉栄のホームページで師匠の人となりを調べたという(『なるにはブック　講談師・浪曲師になるには』ぺりカン社)。

ただ、調査も大事だが、相性が大きい。ようは、インスピレーションみたいなものが大事ということだろう。

三　前座、二ツ目、真打

落語家の身分に「前座、二ツ目、真打」があるという話はした。今は前座の前に「見習い」があり、また落語家入門者が多いため、待機している弟子入り志願者もいるという。

実は最近の前座はやたらと落語がうまい。昔はド下手な前座はずいぶんいたが、今はたいていうまい。これは待機中に、他にすることがないので、一生懸命落語の稽古しているからなんだそうだ。

さて、「前座、二ツ目、真打」だが、これは身分ではなく、修業形態の違いだと思う。

戦前は違ったが、戦後はたいてい数年の修業で、前座は二ツ目に、二ツ目は真打になることが出来る。

たとえば他の芸能、歌舞伎も、歌舞伎役者になるには名題の役者のところへ弟子入りをする。だが、舞台で主役や、重要な脇役を演じられるのは、歌舞伎のお家に生まれ育った役者だけだ。つまり完全世襲制である。

現代は門閥外から主役を演じる役者もいるが、ごく稀なケースである。

歌舞伎役者をめざして弟子入りしても、端役や、それこそ馬の足や猪をやることもある。歌舞伎は演劇であるから、そういう端役がいなければ成り立たない。だから、弟子の役割も重要なのであるが、それでもいつまで経っても、身分は弟子で、やる役は端役である。

端役にしかなれないのに、なんで歌舞伎に弟子入りするのか。歌舞伎が好きで好きでたまらないのだろうが、名優と同じ舞台に立つというのも感慨深いものがあるのだろう。また、小劇場の俳優になって、アルバイトをしながらたまに舞台に出るよりも、端役でも相応のギャラをもらい、俳優として毎日仕事があるというのがいいのかもしれない。

そこへいくと落語家は、門閥は今のところは関係ない。名人や人気者になれるかどうかは別として、年月を経れば、真打にはなれる。とりあえず真打披露興行では寄席でトリもとることが出来る。

四　前座の仕事

前座の仕事はおおきくわけて二つある。一つは、寄席での雑用。もう一つは師匠の家での修業だ。「寄席での修業は時代が変わっても大きな変化はない。楽屋の雑用全般が仕事。『前座耳』という言葉があるが、雑用をやりながら高座に耳を傾けていることをいう。そうやって先輩の芸の呼吸、間を聞き覚える」(『ゼロから分かる！　図解落語入門』)

とにかく前座の仕事は多忙だ。私たちの目に見えるところで言うと、開口一番、最初に出て一席落語をやる。そして、出演者ごとに高座返し。落語でなく漫才が出る時はスタンドマイクを出し、マジックが出る時はマジックの道具を出し、紙切りのあとは散らばった紙片を片付けたりもする。高座のセッティング、片付けが仕事だ。

そして楽屋では、師匠方にお茶を淹れ、着物をたたみ、出囃子や、太神楽や紙切りの時の音楽の太鼓を演奏する。開演前の、一番太鼓、二番太鼓、休憩の時の中入り太鼓、終演後の追い出し太鼓も叩く。あとは、高座の演目が重ならないようにつけるネタ帳を書くのも仕事である。

常に気を配り、自分で仕事を探す。色々なことに気がつくようになることも、大事な修業の一環とされている。

そんなに忙しく働いていて、高座に耳なんか傾けられるのか。おそらく数ヶ月そうやって働くことで、慣れて来るのだろう。

林家正蔵は前座時代、一カ月で着物の膝に穴が開いたという。日に何回も床に膝をつくからで、穴が開いた時に、三代目三遊亭金馬のおかみさん(正蔵の母の育ての親)から「エライね」と褒められたという。一生懸命働いた証明なんだという(『ザ・前座修業』)。

「前座にも入門順に序列があり、前座仕事は、前座の頭である立前座の指示に従って働く。楽屋仕事には、その序列によって役割が決まっている仕事があるからだ」(『ザ・前座修業』)

ネタ帳をつけたり、プログラムの進行を担うのが立前座。いわゆる舞台監督の役割だ。一番下の前座はお茶淹れ。ただし、楽屋は忙しいから、手が足りない時は他の前座がフォローする。忙しい前座のサポートをするのも仕事になる。

そうやって忙しく、毎日寄席に通う。前座の数年間は、落語漬けの日々になる。ネタではない。落語が体に染みつくまで、落語を覚える。落語の呼吸を覚えるのだ。ネタもだが、師匠方の芸風や性格、そういったものも全部覚えて、落語家になる。それが寄席の修業である。

一方、師匠の家での修業というのもある。これは個々の師匠の考え方によっても違う。掃除などの家の家事をやる場合が多い。中には女中に来たわけではないと、家事をやらせない師匠もいる。仕事の付き人として連れて行く師匠もいるが、連れて行かない師匠もいる。

それよりも師匠と一緒に同じ時間を過ごすことに意味を見出す、一緒に過ごしながら、師匠の落語に対する考え方などを学ぶのだ。

これはどこの一門でもあるのだが、師匠と一緒に食事をする。

「弟子と一緒に飯を食うことをすごく大切にしている。一緒に落語を作っていく仲間として、同じ釜の飯を食うことに信仰に近い思いを抱いている」(圓丈『ザ・前座修業』)

八代目橘家圓蔵は売れっ子だったから、家族と過ごす時間がなく、朝ご飯だけは家族や弟子と一緒に食べていたという話を、橘家蔵之助から聞いた。

「弟子も家族と同じものを食べさせていただきました。(中略)いま、考えると凄い贅沢なんですけれど、湯島の『丸赤』の鮭を食べていました。前座の食べるものじゃないですよ」(解説本「東宝名人会精選集」ユーキャン)

よく「他人の家の飯を食う」という。職人でもなんでも、いわゆる修業の時に使う言葉だ。「同じ釜の飯を食う」ともいう。師匠と弟子、あるいは弟子同士でも、「同じ釜の飯を食う」ことで連帯感が生まれる。

そう言えば、演芸評論家の小島貞二の一門は、「同じ鍋の飯を食う」と言うらしい。小島が元力士だったために、一門でちゃんこ鍋を囲んだのだそうだ（小島門下の故・杉山久美子から聞いた話）。柳家喬太郎は師匠のさん喬から、食べ物の好き嫌いを禁じられたそうだ。おかげで、もともと嫌いだった食べ物をご贔屓にご馳走になった時に、しくじらずに済んだそうだ（喬太郎から聞いた話）。

家事を修業の基本と考える一門は現在でも多い。五代目柳家小さん一門は、洗濯機を買わなかったそうだ。五代目小さんのおかみさんが、洗濯板で洗濯をすることが修業と考えていたからだ（『ザ・前座修業』）。

おかみさんの存在というのも大きい。現在では、単に落語家の配偶者というだけで、落語家の仕事に一切口をはさまない人もいたり、あるいは夫や一門のマネージメントをしているおかみさんもいたりする。

昔は、おかみさんとして夫をサポートし、夫が仕事に行っている間は、家で弟子の修業の監督も行った。

夢月亭清麿が師匠の五代目柳家つばめが亡くなり、大師匠の五代目柳家小さん門下に移った時、小さんのおかみさんには何かと励まされたそうだ。清麿は前座時代、寄席が休みの日、小さんのおかみさんとテレビの相撲中継を見ていたそうだ。「お前、どっちが勝つと思う」、おかみさんに言われると、いろいろ論評をする清麿に、「じゃ、百円賭けるか」とおかみさん。スポーツ全般に詳しい清磨の、おかみさんはいいカモになった。数百円のこずかいが清麿のもとに渡る。たまに清麿が負けた時は、何か着物の付属品なんかをくれて補填してくれる。そういう、おかみさんの気遣いも昔はあったそうだ（清麿から聞いた話）。

毎年夏に、落語協会では「圓朝忌」が行われる。暑い日なので、ある時、前座が打ち水をすることになったが、やたらと水たまりを作ってしまう。「ちょっと貸しなさい」、バケツと柄杓を手にしたのは、講談の宝井琴調だった。さっさっさーっと、綺麗に見事な打ち水をした。琴調は五代目宝井馬琴の弟子で、前座時代は内弟子で、馬琴の駒込のお屋敷の庭で、毎日のように打ち水をやっていたそうだ。今の前座には出来ない技術があるのも、お屋敷での内弟子修業の賜物である。

五　内弟子と通い弟子

昔はたいてい内弟子だった。つまり師匠の家に住んで修業をした。師匠の家が大きかったというのもある。

いや、小さい家の師匠でも弟子をとったら、内弟子だった。

春風亭一朝の師匠、五代目春風亭柳朝は、一朝が入門した時は一間のアパートに住んでいた。テレビで売れて稼いでいた柳朝だが、お洒落な着物や洋服を着て、高級な腕時計をし、外では派手に使うが、家とかには無頓着だった。一朝は一間のアパートで数カ月、師匠とおかみさんと三人で並んで寝て、内弟子をしたそうだ（一朝にインタビューで聞いた話）。

現在は師匠にも家族がいたり、いろいろな事情で、内弟子というのはほぼない。たいていは師匠の家の近くにアパートを借りて住むというのが多いようだ。

三遊亭圓丈は師匠の六代目圓生から内弟子になるよう言われたのを断わったという。

「内弟子は師匠の家にいるから二十四時間気が抜けないいし、夜中に遊びに出ることもできない（中略）内弟子は師匠の家で二十四時間張り詰めた生活をしていて、つらくなると、どこかで手を抜くことを覚える。手を抜かないと、人間は生きてはいけない。では、どこで手を抜くかというと、寄席で手を抜く。いちばん大切な職場である寄席でね」（『ザ・前座修業』）

圓丈は師匠の家の近くに三畳のアパートを借りた。そこに仲間を呼んで徹夜で麻雀をやり、仲間が来ない時は、圓朝全集から、ギリシア悲劇、シェイクスピアを読み漁り、オールナイトの映画を見に行き、若いからそのまま寄席に通ったという。内弟子だったら絶対に出来ない。そのことが血肉となり、新作に開花したという。

内弟子、通い弟子、いろんな利点、よくない点があるのだろう。ただ今は、内弟子はほとんどない。

六　ネタの稽古

肝心なのは落語の稽古だ。

それぞれ一門によって、前座が覚えるネタもさまざまだ。

五代目柳家小さん一門は「道灌」。前半、隠居と八五郎、二人の人物の会話だけで展開する。人物の切り換え、二人の人物の違いを口調だけで演じ分ける技術、また目線だけで、二人の位置をわからせるなどの、落語の初歩技術が詰まっているネタだ。全部やると四十分は掛かるネタだが、途中で区切れば、十分~十五分でも演じられる。いわゆる前座噺になる。

六代目三遊亭圓生一門は「八九升」。耳の不自由な人の小噺三つから成る。耳の不自由な人の会話だから、声の強弱、仕草、仕草を見るための目線などが盛り込まれており、落語のエチュードというべきネタだ。

ただ、耳の不自由な人のネタのため、寄席などではなかなか演じることが難しい。三遊亭圓丈一門と川柳川柳一門は「八九升」だったそうだが、他は別のネタを習うことが多いらしい。

その他、「寿限無」「金明竹」「たらちね」など、言い立てがあって、口ならしによいネタを習うことも多い。桂米丸一門は新作の一門だから「バスガール」(作・有崎勉)を習ったそうだ。

「落語の稽古は口伝で、台本のようなものはない」(『ゼロからわかる! 図解落語入門』)

ネタの稽古は最初の一席は師匠がつけてくれることが多い。弟子の多い一門は兄弟子がつけてくれることもある。師匠が多忙だと録音したものを渡されることもあるそうだが、覚えたら師匠の前でやって、OKをもらわなければ(符牒で「あげてもらう」と言う)高座に掛けることは出来ない。

そうやって、一門のネタは師匠や兄弟子から教わる。ネタ数が増えて来ると、他の師匠のところへ稽古に行き、好きなネタを教わることが出来る。

お願いすれば、落語家の場合はたいてい教えてくれる。昔は門外不出のお家芸みたいなのもあったし、新作の場合だと著作権の問題があり、作家に断わらないとならない場合があるが、前座、二ツ目が覚える古典落語はほぼ教えてもらえる。その時は、わざわざ時間もとってくれるし、稽古料も無料である、自分もそうやって落語を教わってきたからだ。

五代目柳家小さんは他の一門の若手には稽古をしてくれるが、弟子には教えてくれない。それは他の若手の稽古を脇で聞いて覚えろということだったが、小三治はそれが悔しかった(『ザ・前座修業』)。

柳家さん喬も「(五代目小さんは)噺の稽古はしてくれないんです。剣道の稽古なら喜んでしてくれる」(解説本「東宝名人会精選集」)と言っていた。

七　前座の収入

前座は寄席から給料をもらう。真打、二ツ目は「割り」といって、入場者の数によって決まるギャラが払われる。割りの計算法は複雑なので、ここでは省く。

前座のギャラは割りではなく定給、決まった金額である。前座の高座は入場料には含まれないから、定給は高座に対して支払われるものでなく、楽屋での雑用に対して払わられるという考え方だ。

時給に換算したら、最低時給にも届かない金額だが、バイトに来ているわけではない。修業に来ているという考え方。雑用をやりながら、寄席に慣れ、落語のあれこれを覚えるのである。

寄席以外にも、ホール落語や地域寄席、先輩の独演会、勉強会に前座として呼ばれることもある。寄席よりは多い金額のギャラがもらえるが、大金はもらえない。

師匠の家での修業は無給である。仕事ではなく修業ということだ。

内弟子なら、家賃や食事の金は掛からない。通い弟子でも、ご飯は食べさせてくれる師匠は多い。師匠によっては小遣いをくれる人もいる。

また年に一度のお楽しみ、前座は正月には、真打や二ツ目からお年玉がもらえる。一人ひとりは少額だが、松の内に会った先輩のほぼ全員からもらえるから、結構な金額になる。昔はお年玉でソープランドに行く前座もいた(伝聞)。

基本、前座のうちはあまりお金は使わない。忙しいから、遊びに行ったりも出来ない。だから少額の収入でも案外お金が貯まったりもするらしい。

八　二ツ目の修業

前座を三年~五年やると、二ツ目に昇進する。寄席の雑用から解放され、羽織の着用を許される。

これは江戸時代の商家の風習に倣ったものだろう。商家も手代になると、羽織と足袋の着用が許された。芸人だから前座でも足袋は履くが、羽織の着用は二ツ目の特権だ。寄席からの雑用は解放されるが、師匠の家には通ったり通わなかったり。それも師匠の考え方である。

普段は家に通わなくても、季節の節目には訪ね、それこそ年末には大掃除を手伝ったりもするのだろう。師匠が寄席でトリをとる時などは、出番がなくても行って雑用を手伝ったりもする。

ただし、弟子も二ツ目になれば、寄席以外の仕事も増える。二ツ目なりたての頃は、師匠のもとへちょくちょく通うが、だんだん売れて来て離れて行くというのが理想なのだろう。

二ツ目というのは、勉強会をやってネタを増やしたり、ご贔屓を作ったり、メディアにアピールしたり、仕事を増やして落語家として生きてゆくための修業になる。

もともとは、前座、二ツ目、真打は、出演順をいった。

一番最初に出るのが前座、二番目に出るから二ツ目。浪曲では三番目に出るのを三ツ目、四番目に出るのを四ツ目という。そして、トリを取る。真を打つから真打という。

寄席でトリをとったからと言ってゴールではない。真打になれば、今度は名人をめざして、新たな修業がはじまるのである。

九　女性落語家

最近では女性落語家が増えた。昔もいたらしいが、修業中に、落語家やご贔屓と結婚して辞めちゃったりしたケースが多いらしい。昔は、というか昭和三十年代から五十年代くらいまでは、女性は結婚して家庭に入るのが常識みたいなところがあった。サラリーマンが多くなり専業主婦が増えた。それ以前は、農家や商家でも家族でやっていたりするから、女性も働いていた。

最近では、結婚しても落語家を続けたり、結婚せず芸に邁進する女性もいる。

女性が落語をやるについての問題点は、とくにないんじゃないか。昔は「女に廓噺(9)が出来るのか」とか、「美人過ぎると笑えない」とか言う人もいたが、別に廓噺をやらなくてもいいし、男でも女の表現が苦手で廓噺をやらない人もいるし、いや、女性の数が増えると、廓噺を違和感なく語る女性落語家も出て来る。本人のキャラクターもあるし、一生懸命稽古して作り上げたものでもある。また、新作落語で、女性ならではの物語を構築する女性落語家も出て来た。いいことだ。

あえて言えば、楽屋が狭いことくらいか。着替える場所の問題で、そんなのは物理的なことで、なんとか解決策があるようだ。

十　高齢前座

いま、落語協会は入門に年齢制限がある。

若いうちに、まっさらな時に、落語の世界観を吸収したほうがいいという考え方もあるんだろう。

一方で、社会経験があったほうが、人間の深味が描き出せるというのもある。

中には、何をやっても駄目だったから、落語家にでもなろう、と思って入門して来る人もいるのかもしれない。それもいいのかもしれない。過去の名人の中にも、落語家になっていなかったら、碌でもない人になっていたかもしれない、という人もいたりした。

五代目古今亭志ん生は極貧時代に納豆売りのアルバイトをしたが、一本も売れなかったそうだ（『びんぼう自慢』古今亭志ん生、立風書房）。

若いからいい、高齢だからいい、というのは一概には言えないんじゃないか。それも個人差であり、落語家の資質とは異なると思う。

だが、いまは入門者が多いから、年齢制限というのもやむおえないかもしれない。

十一　他芸の弟子修業

講談

落語と近い芸能に講談がある。

講談も落語同様、真打の師匠に弟子入りして修業しなければ講談師にはなれない。

講談教室があちこちにあり、素人講談師は大勢いるが、修業をしたプロの講談師とは一線をかくす。講談教室のお弟子は邦楽や舞踊のお弟子同様、弟子という名のお客様になる。

講談も寄席に出演しているから（落語協会は、宝井琴柳、宝井琴調、神田茜、落語芸術協会は二代目神田山陽一門から、神田松鯉、神田陽子、神田紅、神田伯山ら）、修業形態は落語と近いものがある。

二代目神田山陽は、弟子の資質を見て、落語の寄席で修業させたほうが伸びると思った弟子は寄席に行かせ、自分のもとで講談の基礎をみっちり学んだほうがいいと思った弟子は寄席には行かせなかったそうだ。二代目山陽の方針を、松鯉、陽子らも守っている。

落語協会の琴柳、琴調、茜には弟子がいないので、講談の前座は落語協会にはいないが、琴調が年末、鈴本演芸場でトリを取る時は、講談協会の若手が何人か日替わりで出演している。

講談の世界にはもともとは、二ツ目という身分はなく、前座と真打だけだった。一龍斎貞水や六代目宝井馬琴も長く前座をやっていた。二代目神田山陽が落語に倣い二ツ目を導入した。

前座は、修羅場[10]や、軍談、武芸ものを主に読み、「義士伝」[11]や世話もの[12]は真打のネタと決まっている。

前座の仕事は、出囃子の太鼓がないくらいで、だいたい落語と同じである。ただ、現在は寄席（釈場）[13]がなく自主公演が多いので、受付などの表方仕事もしなくてはならない。

家での修業は師匠によって異なる。

宝井琴桜ははじめ、故・田辺一鶴の弟子で、その頃はアパートを借りて住み、午前中、築地でアルバイトをし、稽古は一鶴がまだ売れる前で家も狭かったので、ガード下でやったという。それが五代目宝井馬琴門下に移ると、内弟子になって馬琴の屋敷の弟子の部屋に住み、庭掃除などの雑用は増えたが、アルバイトはせず、好きな時に稽古が出来たという(『講談大全集』のインタビュー、ユーキャン)。

浪曲

浪曲も弟子入りして修業しなければ浪曲師にはなれない。

最近では玉川太福が落語芸術協会の寄席に出ているし、昔は、二代目広沢菊春、東武蔵、春日清鶴ら、落語の寄席に出ていた浪曲師も多くいたので、寄席芸のひとつと考えてもよいだろう。

一日~七日は浅草の木馬亭[14]で浪曲の定席公演を行っていて、入門すると木馬亭で前座修業をすることになる。

修業内容は落語と似ているが、舞台のセッティング、テーブル掛けなどの交換や、朝、早くに来て幟を出したりするのも前座の仕事である(『なるにはブックス、講談師・浪曲師になるには』ぺりカン社)。

稽古は三味線と合わせる節の稽古が中心となるので、師匠よりも三味線弾きとのスケジュールを合わせて、浪曲協会の広間などで稽古を行う。

故・澤孝子の一門は月に何回か、三味線だけでなく、作家の故・大西信行に演出を依頼し、わざわざ呼んで厳しい稽古を行っていた。

玉川太福が師匠の福太郎が早くに亡くなっても浪曲を続けられたのは、本人の努力もあるが、師匠のおかみさん、玉川みね子が三味線弾きだったことも大きい。

浪曲は昔は旅巡業が多かった。旅は一門ごとでまわるので、一門ごとでの行動が多い。だから師弟の絆も他の芸よりも深い場合が多い。

巡業では寄席と違い、前座も入場料に含まれる。身分は前座で雑用はするが、高座では前座と呼ばず、「有望新人」とか、「期待の新星」とか呼ばれ、着物も男性は黒紋付、女性は振袖などいい着物を着る。そのあたりが落語との大きな違いだろう。

浪曲が全盛だった時代は、巡業に連れて行ってもらえるのは選ばれた何人かで、あとは家で留守番をさせられた。また、昭和三十年代くらいまでは入門志願者も多かったので、入門するには相応の入門金も必要だったという。

入門金とは、金を持って逃げる弟子がいたりしたので、その保証金らしい。確かに内弟子で師匠の家に住み、家の中のことがわかれば、金を持って逃げる不心得者がいてもおかしくなかったのかもしれない。

ネタは、師匠の売りのネタの十八番は滅多に教えてはもらえない。だが、旅巡業でいつも耳にしているから、内容も間も呼吸も覚えてしまい、師匠が亡きあとも弟子がしっかりとネタを継承してゆくことが出来た。弟子にも教えないくらいだから、そのネタは一門のお家芸であり、他流の人には教えないのが原則である。

浪曲は伝承芸というよりも、新作が多い。作家に台本料を払い、三味線弾きと稽古を積み重ねてネタを作り上げるのであるから、一席のネタにお金と時間が掛かっている。だから、滅多には他流には教えないのだ。

一門ごとの行動が多いから、その一門ごとに常識も違う。普通は、芸能の世界で遅刻は許されないものだが、故・港家小柳は弟子の小ゆきに「ＯＬじゃないんだから、少しくらい遅刻しても構わない」と言っていたそうだ(『浪曲は蘇る』杉江松恋、原書房)。

お笑い芸人

漫才やコント、マジックなど、寄席の色物も、弟子入りをしてなるケースが多い。修業方法は、個々のジャンルや、個人によってまちまちである。

古い漫才師には、それぞれ師匠がいる。師匠の縁で寄席などに出演している。

昔の例だと、たとえば、ビートたけしもツービートで松竹演芸場(15)に出る時に、松鶴家千代若・千代菊の弟子になっている。

また、末広亭などの落語の寄席に出る時は、それぞれのジャンルの師匠とは別に、落語家の真打の一門にならないと寄席の高座には上がれない。弟子というよりは一門の客分みたいな形だが、師匠を頂点とする一門に入らねばならない。たとえば、漫才のナイツは、漫才としては内海桂子の弟子だが、落語芸術協会では三遊亭小遊三の一門になっている。このあたりは複雑なシステムがある。

だが、ある時から、お笑い芸人の世界は、師弟の関係が大きく変わる。

昭和五十七年、吉本興業がお笑いタレントの養成所、吉本芸能学院を創設した。第一期卒業生が、ダウンタウン、以後、今田耕司、東野幸治、ナインティナイン、雨上がり決死隊、東京校開設後は、森三中、オリエンタルラジオ、南海キャンディーズとスターを生み出した。

吉本が養成所を作ったことで、お笑い芸人の門戸が広がった。それまでは、お笑い芸人になりたかったら、お笑い芸人の弟子になるしかなかった。島田紳助だって、デビューの時は島田洋之介・今喜多代の弟子だった。

吉本が養成所を作って以降、お笑い芸人に弟子入りして修業しなくても、アルバイトして養成所の学費を稼げば、とりあえずデビューまでは出来るわけだ。弟子入りという過程がなくなり、気軽にお笑い芸人になれる時代となり、お笑い芸人の数が急増した。吉本は花月という寄席を持っているから、養成所を卒業して吉本に所属し、オーディションに通れば、花月には出演出来る。また、吉本主催の若手ライブもあり、そこで実力をつけて、花月に出たり、メディアに進出したりも出来る。

スターになれるのは数人かもしれないが、なんとなく食えるお笑い芸人が数百人（地方のテレビ、ラジオに出たり、余興の仕事が常時あって定収入を得ている人も少なからずいる）、他にアルバイトしながら「吉本所属のお笑い芸人」の肩書きで未来のスターをめざしている数千人がいる。吉本に所属出来れば、メディアなどのオーディションを受ける機会も増える。

そして、吉本がきっかけで、渡辺プロダクションやホリプロなんかもお笑いの養成所を作った。お笑い芸人に需要があって、利益がもたらされるからだ。

師弟の間の修業というのはなくなった。だが、一方で、先輩後輩の関係はより強く存在する。楽屋での挨拶とかは、現代でも厳しかったりはするようだ。

第二章　師弟関係から見た落語の歴史

一　化政期からあった、前座、真打

落語の歴史に関しては、いろいろな本に諸説が書かれている。どれも決して間違っているわけではないが、ようは論者が、落語とはどういうものかの捉え方の違いで異なる。

落語と寄席は、切っても切れないものだと筆者は考える。

江戸においては、江戸時代中期に、文化人や富裕層が集まって、面白おかしい話を披露しあった「噺の会」というのがあった。世の中に早々、面白おかしい話は転がっていないので、彼らは創作をはじめた。そのうちに、作るのがうまい者、喋るのがうまい者、聞くだけの者にわかれていって、寛政十年（一七九八）に初代三笑亭可楽が下谷神社で入場料をとって噺を披露した。これが寄席のはじまりと言われ、以降、江戸のあちらこちらに寄席が出来る。文化文政の頃（一八〇四〜三〇）には、寄席と噺が大ブームになった。

初代三笑亭可楽の門下を中心にした、可楽十哲（朝寝坊むらく、初代三遊亭圓生、初代林屋正蔵、初代船遊亭扇橋ら）が活躍し、噺家の数は二百人を越え、寄席の数は、文化十二年（一八一五）には七十五軒、文政八年（一八二五）には百二十五軒、まさに町内に一軒、寄席があった時代だ。この頃の寄席は、たいてい夜席だった。というのも、まだ職業落語家というのが確立していず、昼間は別の仕事をして、夕方から高座に上がるという人もずいぶんいた（『にっぽん芸能史』映人社）。

夜席だから、高座の横には、極太の百目蝋燭を置いて灯りとした。噺が終わったあと、この蝋燭の灯を消すのがトリの役目、蝋燭の芯を切って灯を消すところから「真打」と呼ばれるようになったという説もある。

落語がはじまった頃、まだ身分として確立する前から、真打、前座などの呼び名はあった。

メインで出演する噺家が真打、前方に何人か、弟子などが出演し、彼らが前座と呼ばれた。他にも音曲師なんかが出ていた寄席もあったそうだ。

当時の修業形態まではわからない。まだ落語の形もきちんとは確立していなかったし、ネタもそんなにはなかった。それでも師匠に就いて、高座を勉強し、独自の噺の形を作り上げていったのだろう。落語も量産され、そして消えていき、残った噺が洗練されて古典になってゆく。そうやって少しづつ、落語が形成されていった。

二　三遊亭圓朝と師弟

幕末には落語人気も高まる。安政の頃(一八五四〜五九)には三百軒近い寄席があった。

幕末から明治に活躍した落語家に三遊亭圓朝がいる。

「牡丹灯籠」「真景累ヶ淵」「塩原多助一代記」などの作者としても知られる、まさに明治の大名人。その師匠、そして弟子にはどんな人たちがいたのか。

圓朝の父親は音曲師(16)の初代橘家圓太郎。圓朝は七歳で初高座、小圓太を名乗り、父を師に噺家の修業をはじめた。子供噺家でカワイかったので人気があった。ところが、母と兄に芸人になることを反対され、噺家は廃業。僧侶の兄から「ちゃんと学問を身につけろ」と言われ、寺子屋に通うこととなった。父は元武士で、放蕩して音曲師になったようで、圓朝にはお家再興の使命もあったようだ。

しかし、やはりどうしても高座が忘れられない。噺家として再出発したいと、十一歳で父の師匠である二代目三遊亭圓生に入門。四谷の家で内弟子修業をはじめた。

圓朝の修業時代は、前座見習いというよりも、圓生の高弟の圓太郎の息子という扱いで、厚遇されていた。そのうち、噺のうまさで頭角を著す。「圓生には過ぎた弟子」と、初代古今亭志ん生は圓朝を評した。

圓生が湯島に引っ越したため、圓朝は通い弟子となった。圓朝の実家は湯島にあり、母が住んでいた。それを機会に二ツ目に昇進した。

その頃、父親が出奔。母と兄は不安定な芸人稼業から足を洗うよう圓朝を説得した。圓朝は噺家を二度目の廃業。そして、下谷池之端仲町の紙問屋兼両替商に奉公に行く。

落語家の修業も厳しいが、商家の奉公とは、修業の意味がまったく違った。圓朝には商家の奉公が苦痛以外のなにものでもなく、とても辛抱が出来なかった。ようするに商人はあわなかった。圓朝は二年で商人の道を諦めた。

商人が駄目なら絵師にしたらよかろう。当人にもその資質があると、母と兄はつてを頼って、当時一流の絵師である歌川国芳[17]に弟子入りさせた。ここで絵の勉強をしたことが、のちに芝居噺の道具作りに役立った。

だが結局、圓朝は噺家以外、なんの仕事も長続きしなかった。噺家以外に道はないと、三度噺家に復帰する。噺の稽古をする圓朝の姿を見て、兄も折れ、圓朝が噺家として生きることを認めた。

師匠、圓生の嫌がらせ

圓朝は端席でトリを取るようになり、真打となった。芝居噺を得意とし、人気も出て来た。弟子も二人入門した。十八歳で七軒町の表店に住み、両親と暮らした。

当時は端席でもトリが取れれば真打。派手な披露公演とかの慣習はまだなかった。また、真打でなくても、弟子を取ることも許されていた。弟子になりたい者が来れば門戸を開いたし、来ても取りたくなければ断わってもよかった。落語界全体としてのルールはとくになかった。

二十一歳の時、圓朝にチャンスが訪れた。下谷の大きな寄席から、十五日間トリで芝居噺の出演依頼が来た。ここで人気が出れば、どんどん大きな寄席からお声が掛かる。

圓朝は師匠の二代目圓生に助演を頼んだ。

ところがなんと。圓朝が準備していた芝居噺のネタを、前に上がった圓生が素噺でやってしまった。圓朝は芝居噺だから、道具も用意している。これには困った。それでも一生懸命考えて、用意して来た道具で出来る別の噺を語り、なんとか凌いだ。

次の日も、その次の日も、とうとう十五日間、圓生は圓朝が準備していたネタを先にやってしまった。

圓生はなんでそんな意地悪をしたのだろうか。一説には、圓朝がどんどん売れて来たのを妬っかんで意地悪をした。また、歳をとって、自分でも何をやっているのか、わからなくなっていたという説もある。

あるいは、厳しくすることで、圓朝の精進を期待した。獅子が我が子を千尋の谷に突き落とすというヤツだ。もっとも前座じゃない、すでに真打になって、これから活躍しようという弟子が正念場で迎えた高座で、何も谷底に突き落とすことはあるまい。

ただ圓朝はこのことから、先にネタをやられてしまわないように、自分のオリジナルのネタを作るようになった。

結果としてはよかったのかもしれないが、当時の圓朝としては、相手は師匠だから怒るに怒れない、タイヘンな思いをしたのだろう。

次に深川の大きな寄席に出演した時は、圓生でなく、父の圓太郎に助演を頼んでいる。

圓朝、師匠と縁を切る

圓朝が圓太郎に助演を頼んだので、圓生は面白くない。次第に圓朝も圓生のところを訪ねなくなった。

圓朝の元弟子の圓太が圓生の門下に移った。圓生は圓太をかわいがり、圓太に得意の芝居噺を教えた。これは圓朝へのあてつけであろう。

圓太が芝居噺でトリをとることになり、圓朝は弟子と一緒に、そっと見に行った。寄席の世界のしきたりで、同業者の高座を客席から見てはいけない、というのはこの頃からあったようだ。見付からないように行ったのだが、見付かり、圓朝は圓生に楽屋へ呼ばれ、さんざんに小言を言われ、圓太に詫び証文を書かされた。

圓朝はよほど口惜しかったのか、家に帰って母親に、「噺家を辞めて講釈師になる」とまで言っている。贔屓の人に慰められ、三度目の廃業には至らなかった。

圓朝は圓生と絶縁した。すでに人気者の圓朝が圓生を頼る必要はなかったが、ただ圓朝には三遊派の復興という夢があったので、三遊派の総帥である圓生との絶縁は耐えがたいものがあった。

幕末で時代が大きく動いていた。圓生は仕事が減り、高齢のため病気にもなり、極貧の生活を余儀なくされた。三人の子供がいて、苦しい生活だった。圓太はじめ弟子たちも誰も寄りつかなくなった。

圓朝はその噂を聞き、圓生を援助した。久々に圓生が芝居噺でトリをとった時には、あまりにも道具がみすぼらしかったため、自分の道具を弟子に担がせて、圓生のもとを訪ねた。

万延元年（一八六〇）、圓朝の絵の師匠、歌川国芳が亡くなった。圓朝が自分で芝居噺の背景画が描けるのは国芳のおかげである。国芳への恩を感じ、また、落語家として高座に出られるのは圓生のおかげであると、圓朝は思ったという。圓生へは丸二年間、支援を続けた。

圓朝の弟子たち、三代目圓生、圓喬、圓遊、萬橘

圓朝と弟子たちとの関係について述べる。

明治二年（一八六九）、圓朝三十一歳。時代は大きく変わろうとしていた。もはや芝居噺の時代ではない。新しい時代の噺を創作し、扇子一本、素噺で語るべきだと、圓朝は考えていた。

圓朝門下の圓楽は元は役者で圓朝自らは素噺をやるが、三遊派の芸は芝居噺にある。そこで、圓楽に三代目圓生を継がせて、芝居噺の道具をすべて譲ることにした。圓生の名と、芝居噺を託せる実力者として、三代目を高く評価していた。

明治五年、のちのラッパの圓太郎が楽屋に一人の少年を連れて来た。元御家人の子で八歳、利発そうな子だったので、朝太の名を与えて一門に加えた。噺だけでなく、読み書きも圓朝自身で教えた。圓朝は見どころのある弟子はとことん面倒を見た。この子がのちに、名人といわれる四代目橘家圓喬となった。

明治十年を過ぎると、寄席も様変わりをする。素噺よりも人気を呼んだのは珍芸。圓朝の門下からも、ステテコ踊りの圓遊、へらへら踊りの萬橘、それに鉄道馬車のラッパのもの真似をするラッパの圓太郎が人気者になった。いまでいう一発芸みたいなものが人気になったのは、地方から出て来た学生や労働者が寄席に来るようになったからだ。

圓遊はもともと明るい芸風で、大きな鼻が特徴。鼻の圓遊とも呼ばれた。圓遊がステテコ踊りを最初に披露したのは明治十三年、圓喬がトリの前に出て踊り、たちまち人気を博した。

萬橘は圓朝門下だったが、高弟の圓橘門下に移り、へらへら踊りで人気を得た。

圓朝は圓遊や萬橘の芸に眉をひそめていたと言われているが、果たしてそうだろうか。寄席の変容には違和感を抱いていたに違いないが、圓朝の芸は禅の境地で作り上げた圓朝独特の域に達したものであって、それを教えようったって教えられるものではない。

所詮、落語は落語、芸人は芸人。圓朝の境地に達することは出来なくても、芸人として食べてゆかねばならないのだ。だったら、素噺にこだわることなく、珍芸でもなんで売れたほうがいい。苦言を呈することはあったかもしれないが、圓朝は彼らの芸を認めていた。

圓遊は「野ざらし」や「船徳」を笑いだくさんのネタに改作し、現在の形を作り上げた。やがて、圓遊は滑稽噺でトリを務めた。当時は人情噺でなければトリはとれなかったが、圓遊が滑稽噺の道を開いた。珍芸だけでなく、話芸でもその実力を開花させたのは、圓朝が見守っていたからであろう(圓朝の項目参考資料『三遊亭円朝』永井啓夫、青蛙房)。

三遊亭ぽん太

谷中・全生庵(18)、圓朝の墓の横に「ぽん太の墓」と掛かれた墓石がある。これはなんだろうか。圓朝の愛犬の墓かと思ったら、そうではない。圓朝に献身的に仕えていた弟子の、三遊亭ぽん太の墓である。

幕末の頃に入門したらしい。落語はあまりうまくなく、天然呆けでもあったらしい。変わり者で、蚊帳を仕立て直して着物にし、蚊帳を吊るす金輪を紋にしていたらしい。圓朝にすすめられ、落語家は辞めて、音曲師となった。

それでも圓朝のもとで一生懸命働いた。圓朝は可愛がっていた。圓朝没の九年前に亡くなっている。身寄りがなかったため、全生庵に葬られ、圓朝のすぐ横で眠っている。

四代目橘家圓太郎

四代目圓太郎もまた、圓朝門下の変わり種だ。

落語は下手ではない。むしろ、独特のフラがあって面白がられていた。

一方で、天然呆けなところがあった。

落語のマクラで、「お前に吊ってもらった棚、落っこっちゃったよ」「おかしいな。落ちるわけないはずだ。なんかモノを乗せやしなかったか」というのがあるが、それは圓太郎の実話らしい。

十二月に「長屋の花見」をやったり、刑務所の慰問に行って泥棒の噺をやったり、そんなことを繰り返していた。とうとう圓朝の堪忍袋の緒が切れた。

「お前みたいな馬鹿馬鹿しい奴を三下に使っていたのは私の誤りだ。お前のようなドジは、ぽん太と双璧、お前は生まれながらの落語家、やることなすこと、そのまま落語だ。お前みたいな奴は真打になってはじめて、人間の馬鹿らしさが褒められる。前座仕事をさせていたら私が恥をかくから、今日を限りに仕事はさせない。来年一月の下席から真打だ」

こうして真打になった圓太郎は何か売り物はないかと考え、鉄道馬車の御者のもの真似で人気者になった(小説『圓太郎馬車』正岡容、河出文庫)。

三　昭和の名人たちの師匠って誰？

昭和二、三十年代に人気を博した昭和の名人たち、八代目桂文楽、五代目古今亭志ん生らにも師匠はいた。昭和の名人たちの、意外な師弟話を記す。

八代目桂文楽

昭和の名人。黒門町(19)の師匠。厳選されたネタで名人芸を聞かせた。十八番は「明烏」、ほかに「愛宕山」「鰻の幇間」など幇間ネタや、「心眼」「景清」など盲人のネタを得意とした。

文楽の師匠は初代桂小南。小南の得意ネタは……得意ネタというのだろうか。「七度狐」みたいな噺を途中までやり、「このあとどうなりますますか」と言うと照明が落ちて舞台が暗くなる。全身に豆電球をつけていて、「奴凧」「玉兎」などという舞踊を踊り、足で踏んだら電気が点くという仕掛け。「電気踊り」という、いわゆる際物芸をやる人だった。電球が珍しい時代で、最先端のことを見せているから人気はあった。しかし、見栄っぱり。また、いい男で女性にはモテたらしい。

文楽は浅草瓦町(現在の蔵前)の小南宅で内弟子修業をした。文楽は小南の見栄っ張りなところや、女性関係をよく見て反面教師にしたという。

文楽は電気踊りの後見を黒子としてやり、また、小南が宙乗りをする時は、機械に小南の体をはめるのが役目だった。ところが、うまくはまくってなくて、小南が墜落したことが三度あった。しかし、小南は一度も怒らなかった。

小南は上方の落語家だったので、落語の稽古はつけてはくれなかった。文楽は、三代目三遊亭圓馬のもとへ稽古に行く。

三代目圓馬のところへは大勢の若手が稽古に行っていた。圓馬が飼っていた犬まで稽古をしてもらっていた。「お前の番だよ」と圓馬が言うと、犬が手拭を咥えて座布団の上に座ったって。流石、落語家の家の犬だ。

圓馬の稽古は文楽には特に厳しかった。「お前の声は川向うで喋っているみたいだ」と言われた。また、「えー」と言う癖があったのを、それを言う度におはじきをぶつけられた。それで「えー」と言う癖が治った。噺を覚えてからは、稽古の時に、手が紫になるくらい、物差しで叩かれた。厳しい稽古で、他の人にはそんなことはしない。文楽は意地悪をされていると思ったが、ある時、一席終わって降りて来た時、「お前も喋れるようになった」と人前もはばからず手を握られた。文楽が見込みがあるから、圓馬は厳しく稽古をしてくれたことに、この時気が付いた。

当時は二ツ目になるには五年くらいかかるところ、圓馬の厳しい稽古のおかげで、文楽は二年で二ツ目になれた。二ツ目になる時も、圓馬は文楽に、「代脈」に出て来る金額を間違えたことを厳しく注意した。二ツ目になるんだから、こんな単純な間違いは絶対にするなという戒めでもあった。

小南と圓馬が上方に行ってしまい、文楽も旅回りのすえ東京に戻り、一時は、のちの八代目桂文治の門下になる。やがて、文治と対立していた五代目柳亭左楽の門下に移る。そして真打となり、さらに左楽が八代目文楽を襲名させた。大正九年(一九二〇)、文楽二十八歳のことである。

暮れで金に困った時、文楽は左楽に金を借りに行った。「いつ返す?」と言われ、「年明けには」というと、「それは無理だろう」と言われた。正月は初席があって、当時の噺家は実入りがよかった。だから返済の金が出来ないわけではないが、一方で正月の出銭も多い。金を返したら、出銭が追い付かなくなる。「二月の一日に返しにおいで」と左楽のほうから提案してくれた。収入は多いのだから、その中で出銭と返済金をやりくりし、二月になったところで返しにくればいい。自らも経験したであろうことを踏まえて、思いやりで言ってくれたのだ。

旅先の公演で酔った客が騒いでいて、左楽は不機嫌になった。弟子一同を集めて一時間以上小言を言った。別に弟子たちは悪くはない。悪いのは酔った客だが、客に小言は言えないから弟子に当たったわけだ。だが一しきり小言を言うと、弟子たちに札を渡して、「今日はこれで色街で遊んで来い」と言った。理不尽に怒っているのは左楽もわかっていて、その皺寄せの代わりに、若い弟子たちを遊女買いに行かせた。その日以来、旅興行の間中、左楽は機嫌がよかったという。

文楽が左楽から学んだのは、こうした気配りだった。これにより、文楽は、収入源である政財界のお座敷をうまくこなせるようになった。

文楽自身が、落語家として大成できたのは、三代目三遊亭圓馬に芸、五代目柳亭左楽に気配りの薫陶を受けたおかげだと言っている(参考資料『あばらかべっそん』桂文楽、旺文社文庫)。

五代目古今亭志ん生

破天荒な人生、極貧の経験などが芸に開花、名人となったのが五代目古今亭志ん生だ。「火焔太鼓」「黄金餅」など独特の味わいがある志ん生落語、ネタ数も多く、落語に関してはかなりの努力家であったとも言われている。

志ん生の自伝『びんぼう自慢』[20]によると、最初の師匠は橘家圓喬だと書いてあるが、これがどうやら眉唾のようだ。落語家の自伝、ましてや志ん生の自伝なんていうもは、あまりアテにはならない。

圓喬に入門を頼んだ時に、「お前、メシは好きかい？　メシを食おうなんて了見じゃ、とても駄目だぞ」と言われたとあるが、エピソードとしては面白い。

圓喬には憧れていて、『びんぼう自慢』の中でも、圓喬の「鰍沢」の凄さを語っている。

天狗連で高座に上がり、プロになるべく、三遊亭圓盛の弟子となり、盛朝を名乗った。その後、圓盛の師匠、三遊亭小圓朝の弟子になって、朝太の名前をもらい、旅まわりに出る。旅先で、小圓朝一行と離れ、一人で数年、旅して歩き、帰京する。その間に憧れていた圓喬は亡くなる。

大正七年（一九一八）、二十八歳の時、六代目金原亭馬生（のちの四代目古今亭志ん生）の門下となる。大正十年、金原亭馬きんで真打となった。

大正十五年、落語界の離合集散に巻き込まれ、権力者に盾をついて寄席を干される。

その少し前に、一時、志ん生は講釈師だったことがある。三代目小金井芦州の弟子になり、芦風を名乗った。『びんぼう自慢』によると、三代目芦州は酒飲みで、ズボラな人だが、芸は名人、「塩原多助」「安政三組盃」などをやらせたら、ふるいつきたくなるくらいだった。

志ん生は落語で寄席に出られないので旧知の芦州を頼ると、「お前なら一年も我慢すれば飯が食えるだろう」と言われた。芦州の供で熱海に行き、温泉に入りながら講談の稽古をしてくれるかと思い気や、芦州は酒ばかり飲んでいる。志ん生も嫌いじゃないから、一緒に酒を飲む。そのうち芦州から「高座に出られるよう、話はしておいた」と言われるが、講談を一つも教わっていない。人情噺をやるが、客に「講談をやってくれ」と言われる。そら、釈場の客は講談を聞きに来ているんだ。それで、講談本で覚えたネタをやっているうちに、芦州が亡くなり、落語に戻ったという。

いや、実際には、芦州に師事するのは、落語界の揉め事に巻き込まれる少し前の話で、落語を辞めたわけではない。昼間、芦風の名で講釈をやり、夜は落語家として高座に上がっていた。志ん生は芦州の芸に心酔していた。落語家としてやってゆくのかどうかという迷いもあったのかもしれないし、講談から何かを学び取ろうと思ったのか、ただ芦州といると酒が飲めると思ったのかは知らない。芦州が稽古はつけてくれなかったのは事実かもしれないが、高座からその呼吸は学んだと思う。それがのちに「井戸の茶碗」「柳田格之進」などの講釈ネタにも活きたのだろう。

落語に戻った志ん生だが、師匠の四代目志ん生が亡くなり、そこで権力者に盾ついて協会を辞め、寄席を干される。

困っていたところ、友達だった柳家金語楼の世話で、初代柳家三語楼の門下になる。三語楼のもとで十ヶ月ぶりの高座を務める。三語楼は当時、モダンな落語で売れていた。志ん生の独特のクスグリは三語楼の影響だと言われている。

その後も志ん生は落語界の離合集散に巻き込まれ、さらには昭和の金融恐慌もあり、ふたたび寄席を干される。そして、納豆売りになったり、業平のなめくじ長屋で極貧生活を送る。昭和七年

（一九三二）頃、三語楼のもとを離れ、寄席に復帰すると、その芸が認められ、昭和十一年にはなめくじ長屋から本郷へ引っ越し、以後、名人への道を歩むことになる。

四　戦後確立した二協会体制

明治以降、何かと離合集散を繰り返して来た落語界だが、昭和十五年（一九四〇）、講談落語協会としてひとつにまとめられる。それは戦争遂行のためであった。

戦後、講談落語協会は解散、それ以前の東京落語協会と日本芸術協会となった。東京落語協会は昭和二十一年（一九四六）に落語協会となり、日本芸術協会は落語芸術協会となった。以後、昭和五十三年（一九七八）まで、二団体制度が続く。寄席の出番は、プロデュース制の東宝名人会、神田立花をのぞき、二団体が交互に行うことになった。そして、前座、二ツ目、真打という、制度もこれ以降確立する。

それまでも、前座、二ツ目、真打という制度はあったが、あやふやなものだった。つまり、売れない落語家はいつまで経っても真打にはなれなかったし、もっと言えば、二ツ目で食えないから前座に逆戻りするという、万年前座の爺さんが楽屋にはゴロゴロいたらしい。二ツ目で寄席の出番がなければ食えないが、前座なら師匠方の着物をたたんだり、使い走りをすればいくらは小遣いがもらえた。それを生活の糧にしている芸人なのか、芸人もどきのような人たちがいた。

万年前座

戦中、五代目古今亭志ん生の長男の十代目金原亭馬生が落語家になった時、当時の若者のほとんどは軍隊に行くか、軍事関係の仕事に就くかして、落語家になるなんていう者はほとんどいなかった。いても、五代目柳家小さんのように徴兵されて兵隊になった者もいた。

若者がいないため、馬生は落語家のスタートは二ツ目だった。楽屋には、万年前座の爺さんはいるが、爺さんだからたいして働かない。なんのことはない、馬生は二ツ目なのに、ほとんど万年前座の爺さんたちの代わりに楽屋仕事をやり、へたすれば爺さんたちの面倒まで見ていたという。

万年前座に関しては、あんまり資料がないので、当時のことはよくはわからない。

筆者が生まれる前の話だが、実は浪曲の楽屋には平成の声を聞くまで万年前座の爺さんが何人かいた。筆者が浪曲と関わったのは昭和五十年代の後半だから、実際に万年前座の爺さんには会っている。というか、ずいぶん苛められた。殴られたり罵倒されたりはしていない。「邪魔だ」と言われたり、あとはささやかな嫌がらせをされるのだ。むこうとしてみれば、わけのわからない若造にうろちょろされて迷惑だった、というだけのことだろう。いや、うっかり浪曲師に弟子入りでもして鞄持ちの仕事を取られたら死活問題だから、意地悪して追い出そう、くらいのことは考えていたかもしれない。

万年前座の爺さん……、名前を出すのも憚られるから、Aとしよう。Aは舞台袖に陣取っている。

木頭[21]を叩くのと、テーブル掛けのセッティングをするのが仕事だ。あとは大看板《おおかんばん》の先生[22]の鞄を持って、脇の仕事[23]に就いて行く。いわゆる鞄もちで、小遣いをもらって生活していた。

別の万年前座のYはもともと芸人ではなく、Aが連れて来た。当人は元は造船所に勤めていたと言っていた。Aが高齢で力仕事が出来なくなっていたから、どっかで知り合ったYを連れて来たらしい。Yの主な仕事は、場外馬券売り場に先生方の馬券を買いに行くことだった。

ある時、浅草を歩いていたら、むこうからAが来た。一応、楽屋の大先輩だが、むこうは立場は後見《こうけん》[24]である。会の手伝いに来てもらったりはしているから、仕方がない。時分時だったので、スパゲティカルボラーナを奢ってあげた。次に会った時から、呼び方が「先生」になった。筆者がチラシのはさみこみなんかをやっていたら、「やりましょう」とやってくれたりする。態度がガラっと変わった。ある意味、いい勉強になった。人付き合いっていうのは、案外、そうしたちょっとした親切みたいなことで変わるものなんだ(稲田体験)。

五　昭和四十年代の落語界

昭和二十年代後半から三十年代、四十年代のはじめくらいまでは、落語の黄金時代と言われた。文楽、志ん生、圓生、可楽、二代目円歌、八代目正蔵、五代目小さん、三代目三木助……、名人たちがいて、戦後入門の、米丸、三代目圓歌(当時・歌奴)、初代三平、十代目文治(当時・伸治)、柳昇、四代目小せん、夢楽ら当時の若手も活躍していた。昭和二十六年にはラジオの民間放送がはじまり、落語の番組が多く制作され、名人たちはもとより、当時の若手も大喜利番組や司会などで引っ張りだこだった。

昭和三十年代になると、三越落語会、東横落語会などのホール落語が開催され、名人たちはさらに活躍の場を広げてゆく。

落語人気が高まる一方、寄席は厳しい状況になりつつあった。

戦後の寄席は、戦災で多くの寄席が焼け、残った寄席は人形町末広だけだった。その後、上野の鈴本演芸場がバラックで寄席をはじめると、大勢の人が詰めかけた。戦争で笑いが抑制されていたのが一気にはじけた。その後すぐに、新宿の末広亭を北村銀太郎席亭が自力で建てた。それが今の末広亭の建物である。

「戦後すぐの頃、末広亭は新宿駅から見えた」と落語研究家の山本進は言っていた。

そのうちぼちぼち、寄席も復活して来るのだが、昭和二十九年(一九五四)頃、都内および近郊で営業していた寄席は、鈴本演芸場(上野)、人形町末広、新宿末広亭、池袋演芸場、十番倶楽部(麻布十番)、浅草末広(田原町)、立花演芸場(神田須田町)、川崎演芸場の八軒。他に、横浜相鉄演芸場や、端席もいくつかはあったが寂しい状態だった。

しかも、この年のうちに、明治のはじめよりつづいた立花演芸場が幕を閉め、三十一年には、十番倶楽部、浅草末広も姿を消した。

昭和三十年に東宝名人会(日比谷)が再開、三八年に浅草演芸ホールが開業するが、落語黄金時代といわれる時代に、寄席は苦しい経営状態にあった(『落語の黄金時代』三省堂)。

寄席はいわゆる町内の遊び場として発展していた。それが東京の都市化で、住民が郊外に出て行き、下駄履きでふらりと行くような場所ではなくなってきていた。テレビの中継があったりするから、土日は満員になるが、平日の客数はだんだんに減ってゆく状態にあった。

一方、名人やラジオの人気者に憧れて、落語家に入門する若者は多くいた。落語家がどんどん増える、落語人気は高まる、なのに寄席の経営は厳しく、どんどんなくなってゆく。昭和四十五年には戦災をくぐりぬけた人形町末広が幕を閉じた。

さらには昭和四十年代に、文楽、志ん生、三代目三遊亭金馬ら昭和の名人と言われた落語家たちが次々に亡くなった。

落語が大きな転換期を迎えたと言っていい。

落語が人気なのに、寄席が減って、落語家が増える。

当時の若手落語家たちは落語をやる場所がない。そこで出て来たのが各地の地域寄席である。若手の勉強の場として、各地域の有志が、集会所や寺、神社、飲食店の広間などを会場に運営する小さな落語会だ。寄席以外のそういう落語会が出はじめたのが昭和四十年代のはじめである。

当時の若手落語家は落語をやる場所こそなかったが、実は経済的には恵まれていた。当時は芸能界の隙間仕事というのが落語家にはよくまわってきていたそうだ。各種イベントの司会、結婚式の司会や余興、ゴルフコンペの司会、テレビのレポーターや、ラジオのＤＪ、スーパーの大売り出しの盛り上げ役など、テレビ、ラジオのコマーシャルに出ている落語家も多くいた。キャバレーにも出演していた。何人かの落語家が出て小噺や謎掛けをやる。それが「笑点」の大喜利の原典になる。収入は多かった。だから、昭和三十年代〜四十年代前半入門の落語家の一戸建て保有率は高い。

かつては、寄席が落語家の生活基盤であった。寄席で売れると、メディアの仕事や政財界のお座敷が増える。志ん生も寄席に出られるようになり極貧生活から脱出したように、寄席に出ることが収入に繋がった。昭和四十年代から、そのあたりの基準が大きく変わる。大看板の師匠方はお座敷があり、若手はそうした隙間仕事があり、寄席に出るよりもメディアで売れる方が高収入を得る道にと変わっていった。

寄席が落語家の「生活基盤」から「修業の場」と言われるようになったのも、この少しあとくらいからだろう。

落語家が増えることでもう一つ問題が起こった。それまでは年に一人か二人づつ真打になればよかったが、若手落語家が増えると、年に一人か二人では、二十年、三十年経っても真打になれない落語家が大量に出ることになる。

昭和四十八年（一九七三）、当時の落語協会会長の五代目柳家小さんは、春十人、秋十人、二十人を真打に昇進させた。この中には、現・落語協会最高顧問の鈴々舎馬風や、「笑点」の人気者の林家木久扇や、「ガーコン」で寄席の爆笑王だった故・川柳川柳もいた。
だが、この大量真打に、芸至上主義者の六代目三遊亭圓生が異を唱えた。これが五年後、落語協会分裂騒動に繋がる。

六　落語協会分裂騒動

昭和五十三年まで、東京の落語界は落語協会、落語芸術協会の二団体によって運営されて来た。この二団体が寄席の顔付けを決め、真打、二ツ目の昇進を決めて来た。それが突然、六代目三遊亭圓生、古今亭志ん朝、七代目橘家圓蔵、八代目橘家圓蔵（当時・月の家圓鏡）らが落語協会を脱会して、三遊協会の設立を宣言し記者会見を行った。

三団体で寄席の顔付を行い、三遊協会は年数に関係なく実力で真打を決めるという方針だったが、これに寄席が賛同しなかった。寄席に出られなくなるということで、志ん朝らは落語協会に戻り、三遊協会は圓生と、五代目三遊亭圓楽、三遊亭圓窓、三遊亭圓弥、三遊亭圓丈、五代目圓楽一門の楽松（のちの鳳楽）、楽太郎（のちの六代目圓楽）ら、圓生一門だけとなった。

一年後、圓生没で、圓窓、圓弥、圓丈らは落語協会に戻った。五代目三遊亭圓楽とその一門のみが、大日本落語すみれ会、その後、落語ベアーズ、圓楽党などと名を変え、現在は五代目圓楽一門会として、寄席と離れた独自の活動をすることになった。

途中、圓楽が自費で、寄席を建てたが（若竹、一九八五〜八九）、江東区という地の利の問題などもあり、四年で閉鎖となった。

寄席に出られない五代目圓楽一門会だが、進む道として、地方での落語会を選んだ。

落語家の地方公演は、江戸時代は、江戸で何かしくじりをし、江戸にいられなくなり旅の一座に入ってあちこちをまわる、いわゆるドサまわり、または修業と称して上方や名古屋へ行く、などという、あまり褒められたことではなかった。

大正の頃より鉄道網が発達、昭和になってラジオで落語番組が放送されると、地方から呼ばれて落語家が公演に行くということも行われるようになっていった。地方から呼ばれるのであるから、昔の旅巡業と違い、相応のギャラももらえて、落語家にしてはおいしい仕事であったが、昭和四十年代くらいでも、そんなに多くはなかった。労音とか民音とか、労働組合や宗教団体が主催するものがあったくらい。五代目圓楽とそのスタッフは、そうした地方公演に積極的に営業を仕掛けた。

その頃、昔ながらの暴力団絡みの興行師が世代交代の時期を迎え、廃業したり、イベント会社になったりした。また、地方文化の時代がクローズアップされ、地方の都市に大規模な公共ホールが多く建てられたりもしていった。それらホールを運営するために、自治体や芸術鑑賞団体が主催となるイベントが企画されたりもしていた。そこが売り込みのポイントとなった。

五代目圓楽一門では、五代目圓楽、好楽、楽太郎が「笑点」に出ていて、広く顔を知られているから売り込みやすかった。ただ人気者なだけでは、すぐに飽きられて次からは呼んでもらえない。圓楽は「浜野矩随」「中村仲蔵」「芝浜」などを演じ、客席を泣かせて、自分も泣いた。心温まる人情噺は地方のお客さんの心をがっしりと掴んだ。

以後、地方の落語会が増えてゆき、五代目圓楽一門に限らず、ホール落語形式の「名人会」、人気落語家の独演会など、大小さまざま、地方での公演も多くなっていった。

落語家の生活基盤は寄席だけではなく、大きく広がりを見せていた。

七　真打試験制度と立川流

落語協会は分裂騒動のあと、春風亭小朝の抜擢真打昇進などもあったり、真打に対する対応もゆれ動いていたが、昭和五十五年、「真打審査制度」を実施した。いわゆる真打試験である。試験制度と言っても、筆記試験があるわけではない、理事の前で一席やり合否が決まる。理事というのは落語家である協会幹部だから、芸のよし悪しの基本的なことはわかる。だが、わかるはわかるが、合否の基準というのは何も決められていない。

最初の試験は全員合格。そのことに外部からの批判があったため、次の試験では何人かを落とした。そのことが次の分裂騒動に繋がった。

落とされた落語家が立川談志の弟子だった。

「俺の弟子が落とされて、〇〇の弟子が合格というのはどういうわけだ！」

談志は怒り、落語協会を脱退。「立川流」を創設した。立川流のシステムはいろいろあるが、一番特筆すべきは家元制度で、弟子から上納金をとったことだろう。談志の弟子たちはある意味、談志に心酔しているから、上納金を払うことに異を唱える者は少なかったが、何人かは談志と袂をわかち、協会に残った。

「弟子からお金をとっちゃ駄目だよ」（橘家圓蔵・談）というのを、ずいぶん経ってから筆者は聞いた。師匠は無償で弟子に芸や落語家としての心構えを教えるのが落語の基本、だから、弟子は師匠の雑用を言われるままにこなし、多少無理を言われても、辛抱して従い、そこから何かを学ぶもの。落語家の多くがそう考えていた。

月謝は払わない。発表会では、ギャラをもらって素人のお弟子さんたちの後見をやったりもする。邦楽や日舞の世界でも、それがプロの世界で、確かにプロの弟子でも師匠に看板料みたいなものを払うところもあったりするが、少なくとも落語界での上納金制度はなかった。

談志没（二〇一一年）で、立川流は継続したが、上納金制度は廃止された。

立川流設立で、東京の落語界は落語協会、落語芸術協会、五代目圓楽一門会、立川流の四団体体制となり、他にフリーの落語家は数人いるが、現在はその体制で運営されている。

八　落語ブームと現代の師弟関係、落語家の修業

平成十三年（二〇〇一）、古今亭志ん朝が、十四年に五代目柳家小さんが亡くなった。一部の古い演芸評論家は「落語の終焉」と語った。しかし、終焉ではなかった。むしろ、落語ブームが到来した。

落語ブームの外的要因としては、テレビドラマで落語が取り上げられたこと、九代目林家正蔵の襲名や、春風亭小朝の「大銀座落語会」がメディアに取り上げられたことにある。

一方で、筆者は、二つの要因を考える。一つは二〇〇七年問題。団塊の世代が六十歳になり、多くの企業で定年退職を迎えた。もちろん、皆が皆、楽隠居をするわけではないが、忙しく働いて来た人たちにある程度時間の余裕が出来た。時間には余裕が出来たが金銭的余裕はあまりない人たちが娯楽として、寄席を視野に入れた。子供の頃、ラジオで聞いた落語でも聞いてみようか。そんなお客さんたちが寄席に来るようになった。

もう一つは、落語ブームの少し前から、イベント制作会社などが、一般的にはさほど有名ではないベテランや若手の実力者を中心に、中小規模のホールで落語会を行い、そこそこ利益を上げはじめて来ていたというのがある。それが落語ブームで、結構な数に増えて行き、新規参入する会社も増えていき、落語会そのものが増え、お客さんが手軽に落語を聞きにいかれるようになった。

いまの若手落語家にかつてあったような芸能界の隙間仕事はほとんどない。政財界のお座敷なんて皆無だ。敬老会だって、カラオケの浸透で芸人呼ぶよりは自分たちで歌いたい人が多い。芸人呼ぶにしても、落語や演歌じゃない。もう老人たちがロック世代だ。

一方で、落語家の数は東西あわせて八百人を越えた。戦後、百人いなかった落語家が八百人。皆、どうやって食べているのか。それが、地方の落語会だったり、中小の落語会、それに地域寄席などで凌いでいる。八百人の落語家のほとんどが、落語で生活しているのだ。

落語家が八百人いる。それぞれに師匠がいる。もう師匠は死んじゃったという落語家もいるが、それでも以前はいた。師匠のもとで修業し、やがて弟子を取って育てる。

仕事の場所は、寄席から、大小さまざまな落語会にと変わっていったが、寄席は修業の場としてある。だから、寄席での前座、二ツ目の修業は今も昔とさほどは変わらない。

師匠と弟子の関係は変わったのか？

変わらない人たちもいる。部分的に変わらないことはある。たとえば、お正月に年始に行くとか、師匠が寄席でトリを取る時は手伝いに行くとか。師匠と二人きりの時のちょっとした気遣いもあるだろう。売れっ子の当代文枝が、五代目文枝が高座に上がる時に、羽織を着せていたのを見たことあるよ。

変わった人もいる。弟子は家に来なくていいという師匠もいると聞いた。家族がいたりして、プライベイトに踏み込まれたくないという師匠もいるのだろう。まだこれは稀なケースだろう。

落語における修業形態は変わったのか？　基本的なルールは変わっていない。落語の稽古はお願いすればつけてくれる。忙しければ、録音したりもしてくれたり、「何日にやるから、袖（舞台袖）で聞いていていいよ」みたいに言ってくれたりする。

お中元、お歳暮を持って行き、お年玉をもらう、なんていうのも普通にある。

個々の師弟の関係は、昔も今もそれぞれに違う。

そうね。家に来なくていいというのは極端な場合で、内弟子ではなくても、同じ釜の飯を食う、というのは大きな修業の一つなのかもしれない。ネタじゃない。師匠の考え方や、一門のイズム、精神みたいなものを継承してゆくのが、落語というところは、ある意味、普遍で変わらないものなのかもしれない。

第三章　ハラスメントと落語

第一章で、落語界における師弟や、真打制度、寄席のだいたいの説明はした。第二章では、師弟や真打制度の歴史に関して綴ってみた。

それを踏まえた上で、伝統芸能の世界、いや、落語界において、ハラスメントはどのように行われているのか、いないのか。ほとんどが伝聞であるが、自分の経験も加えて書いてみようと思う。

自分の経験と言っても、筆者は落語家ではないし、修業もしていない。あくまでも演芸評論家としての経験である。演芸評論家や作家は、芸人ではないし、いわゆる寄席やプロダクションの従業員というようなスタッフとも微妙に違う。お客さんに近いが、お客さんではない。人によっては「先生」呼ばわりされている人もいる。

筆者の場合は「先生」呼ばわりされているのはごく最近、教員のアルバイトをはじめた頃くらいからだ。それまでは「小僧」呼ばわりされていた。小僧というか、数年前までは先輩方が大勢いたから、たいていは「稲田君」と呼ばれていた。事実、小僧みたいなものだったので、食べ物を奢ってもらったこともあるし、小言を言われたこともある。

演芸の世界に身をおいていたなかで、今にして思うとハラスメントと感じることがなかったわけでもない。

一　暴力

今回の元・天歌の告発で一番驚いたのは、やはり暴力があったことだ。

事実関係は、現在(二〇二二年の暮れ)裁判で係争中なので、ホントのことはいずれわかる。「もう拳骨の時代じゃない」と落語協会会長の柳亭市馬のコメントが報道された。拳骨という言い方も時代錯誤だが、元・天歌の告発はあきらかに鉄拳制裁に思われる(圓歌側は平手打ちで指導の一環と裁判所に書類を出した。十二月二十三日第一回民事公判)。暢気な話ではないのだ。

かつては、世間一般に暴力による制裁はあった。学校で悪いことをしたら、先生に拳骨を食らった。市馬の言う「拳骨の時代」とはその頃を言うのだろう。前座も中卒、高卒で入門して来る子供みたいなものなら、しくじりをやれば、ゴツン、「次から気をつけろよ」「はい」でよかったのかもしれない。現代ではそれも暴力になる。だが、かつては指導の一環で、拳骨は許容されていた。いまは大卒、あるいは一定の社会人を経験して入門する者も多い。三十歳近い前座にゴツンはない。

圓歌、市馬、筆者はだいたい同世代だから、たとえば、学校の運動部なんかでは、当然のように、先生や先輩からの鉄拳制裁があった。スポーツをやるというのは、ある程度、それも覚悟の上だった。

失敗したとか、なまけたとか、そういう制裁じゃない。「気合を入れる」と称して、意味なく殴る。

スポーツが好きだから、うまくなって勝ちたいから、鉄拳制裁くらいなんのその。そうやって頑張って勝ち残る奴が、「根性のある奴」として賞賛された。そういう時代だった。

中には、殴られるのが嫌だから、鉄拳制裁のなさそうな部活を選んだり、スポーツが得意でも、部活を諦めたりする者もいたと思う。

この時代の指導者は、ホントに鉄拳制裁が有効であると信じていたのだろうか。それで伸びた者もいたのかもしれないが、辞めていった者もいたであろう。むしろ、ふるいに掛けるための鉄拳制裁だったのかもしれない。

寄席の楽屋には、いつ頃まで鉄拳制裁があったのだろうか。

楽屋にいたわけではないから、わからない。殴った話も、殴られた話も、普通はあまりしないものだ。洒落にならないからだ。

昭和五十年代半ばくらいまでは、鬼軍曹みたいな若手真打がいて、楽屋に控えていて、ドジを踏む前座にゴツンはあったらしい。圓歌、市馬らが前座時代の話だが、彼らがゴツンを食らったのかどうかは知らない。

落語芸術協会では十年くらい前に「暴力禁止」のお達しがあった。禁止するくらいだから、暴力があったわけではなく、公益社団法人になったこともあり、改めて通達したということだろう。ただ、高齢の真打でイラッとしてついポカリがあったという話は聞いた。

「俺はな、昔、お前の親父に木頭(拍子木)で頭を殴られた」と、故・国本武春は二代目篠田實に言われたそうだ。二代目實と武春の父親は修業仲間で、武春の父親のほうが先輩だった。そういう話を聞いただけで武春は殴られることはなかった(国本武春から聞いた話)。

武春の父親の修業時代だから、昭和三十年代~四十年代のはじめだろう。その時代は浪曲でも落語でも、暴力はわりと普通だったのか。

『ザ・前座修業』の中で暴力について語ったのは、柳家小三治と、林家正蔵だった。

「小さんに一度だけ殴られたことがあった。理由は忘れました。師匠が出掛けるとき、玄関で小言を言われたんだ。頭出せ! といわれて、三〇センチくらい離れたところから、ガンとゲンコで殴られた。ぶっとぶほどではなかったが、けっこう痛かったことと、殴られて嬉しいということだけ覚えていますね。弟子になるということは、男が男に惚れるわけだから、惚れた女にチュウされるより嬉しかった」(小三治)

「おい、車を止めろ！　おまえか！というやいなや、父の横に座っていた僕に、いきなりすごい力でゲンコツが飛んできました。なんだっ、この粗相は！　手前の師匠の雪駄がわからない前座がどこにいる！　なぜか父の怒りのテンションは上がってしまった。何度も殴られました。運転していた鉄平兄さんが青くなって何度も止めようとしてくれた」(正蔵)

小三治の場合、一度だけのいい思い出として残っているのだろう。小さんが本気で怒ったことで絆みたいなものを感じたのかもしれない。

正蔵は親子というのもあろう。他の弟子よりも厳しいと正蔵は感じたそうだが、

「もしかして将来この子の心が折れちゃったり、負けちゃったりするんじゃないか。これだけ厳しい修業をしていれば、世の中のどんな風に晒されても、このの ち踏ん張っていられるだけの力がつくんじゃないかと思って、厳しい修業をさせてくれたんじゃないか」

この二例は師匠の拳骨を「愛」と感じて受け止めた。

小さんは一度だけ、三平はこのあとすぐに亡くなっている。正蔵にとって三平は父でもあり、亡くなったことで、それが大切な思い出になっているのかもしれない。(『ザ・前座修業』)

落語界で暴力というと、六代目三升家小勝、「水道のゴム屋」で売れた落語家だが、弟子の桂文字助を頻繁にステッキで殴った(『文字助のはなし』立川談四楼、筑摩書房)。その文字助は談志門下に移ってから、キウイら弟弟子をずいぶん殴ったらしい。だが。

「談志は決して弟子を殴らなかった」と、立川談四楼は言った。

暴力について、談志はこう言っている。

「とくに五年、六年と教えてもらった男女二人の先生は大嫌いだった。もっともむこうも嫌いだったらしく、なぐられたこともあった。その先生曰く、これは、愛情だ、と本気でいいやがって、今に君たちも分かってくれる、なんて、のうのうとぬかしたので、頭にきたことを覚えている。今だに、憎しみしか残っていない。子どもはなぐるもんじゃないと、今でも思う」（『現代落語論』立川談志、三一新書）

談志にとって、小学生の時に教師に殴られたことが、暴力に対する反面教師になっている。

「修業とは理不尽に耐えること」だと言っていた立川談志が決して拳を上げなかったことの意味は大きい。

殴る側は愛のつもりでも、殴られる側には痛みと屈辱しかない場合もある。むしろそのほうが多い。

でも実際に殴る教師はいた。

昔昔亭桃太郎が高座で、前座の頃、師匠の春風亭柳昇に殴られた話をしたのを聞いたことがある。

紙切りの二代目林家正楽は師匠（八代目林家正蔵）には殴られなかったが、先輩（五代目春風亭柳朝）には殴られたことがあったと言った。

「でも恨みには思っていないよ。その頃は（昭和二十年～三十年代）先輩が殴るのは普通のことだった」（二代目林家正楽にインタビューした時に聞いた話）

晩年の、高座から見たイメージでしかないが、柳昇や柳朝と暴力は結びつき難い。

ただ、柳昇はもちろんギャグではあるが「機関銃を撃つのは楽しかった」などと高座でよく聞いた。

暴力を肯定する理由のひとつには軍隊経験の有無は大きいのではないか。

鉄拳制裁が当たり前、むしろ、「気合を入れる」でビンタが飛ぶことが奨励されていたのが軍隊だ。

暴力を肯定して、それが日常化するのは異常なことだ。それが普通に思えてしまうのは、軍隊という異常な世界である。戦前は、多くの人が軍隊経験をしていたから、一般社会でも普通になり、「従わせるための暴力」が教育の場にも持ち込まれた。それが運動部の鉄拳制裁に繋がっていたのだろう。

ちなみに筆者は、寄席の関係で殴られたことは一度もない。時代も違うし、ある意味、お客様に近い立場だから、しくじりくらいでは殴られなかったのだろう。

二　怒声と罵倒

まず一言言っておくと、芸人は声がでかいから。普通に喋っていても、怒鳴っているように聞こえる人は、たまにいる。

怒ってもいないのに、ガ〜ッと自分の意見をでかい声でまくし立てられると、ちょっと怖かったりもする。しかし、それは慣れで克服できる。

落語家が怒鳴りながら小言を言っているのも、実は聞いたことがない。

むしろ小さな声で、「お前、それはそうじゃないだろう」みたいなのは、何度か見たことはある。むしろ、小さい声の方が怖いね。

講談の宝井琴柳から聞いた話が面白いので記す。琴柳の最初の師匠は、六代目小金井芦州。侠客伝[25]を得意とし、啖呵の切れがよかった。琴柳は芦州の啖呵に憧れて入門した。

弟子入りしてすぐの頃、同期の落語家たちと、いろんな師匠方のところに挨拶に行った。八代目林家正蔵の稲荷町[26]の家に行った時、正蔵が一人一人に声を掛けてくれた。

「お前さんは誰の弟子だい？」

「〇〇の弟子です」

「そうかい、頑張んなさいよ」

いよいよ、琴柳の番になった。

「芦州の弟子です」

と言った途端、正蔵は一瞬絶句した。そして、

「そ、そうかい。辛抱するんだよ」と言ったそうだ。

芦州のところの修業が、他よりも数段厳しいことは業界の中でも有名だった。罵声もあった。しかし、罵声の切れがよかった。

琴柳は、芦州の小言を聞き、頭を下げながら、いつも思っていたそうだ。

「いい口調で小言を言うな」

ただただ、芦州の切れのいい口調で繰り出される小言を、惚れ惚れしながら聞いていたという。

これは芸人らしいエピソードで大好きだ。

芦州の小言はカッコよかったんだろうし、小言でさえも楽しむ了見、洒落っ気が琴柳らしさでもある。

怒鳴ると言えば、芸人ではないが、木馬亭にいた浪曲研究家の故・芝清之はやたらと怒鳴っていた。誰彼構わず怒鳴る。われわれ若い者だけじゃない。芸人もお客さんも怒鳴りつける。

修学旅行の学生が木馬亭の前の自販機でコーラを買ったらドクターペッパーが出て来たので、

「取り替えてください」と木戸に来たのを、「コーラは同じだ！」と怒鳴りつけて追い返した（稲田目撃）。

浪曲研究家というが芝はもともとは建設会社の社長で一級建築士。いわゆるお旦だった。衰退している浪曲をなんとかしたいと、会社を辞めて木馬亭に尽力した人。大正生まれだが、軍隊経験はない。だが、戦時中は軍事工場で、将校待遇で指導に当たっていたらしい（芝から聞いた話）。おそらく人生で殴られたことも怒鳴られたこともなかったのだろう。

殴ったことは一度だけあるそうだ。正岡容の三十七回忌の時に、小沢昭一[27]に懺悔していたのを横で聞いた。

筆者は別に芝の弟子ではない（ご飯はずいぶんご馳走になった）。だから、怒鳴られたら怒鳴り返した。「怒鳴ることないでしょう」と言ったら、「怒鳴ってない。声がでかいだけだ」とさらに怒鳴り返された。二人ででかい声でやっているから、お客さんが恐怖に感じ、木馬亭の席亭にたびたび怒られた。あるいは先輩の演芸評論家から、「君ね、目上の人に取る態度じゃないよ」とたしなめられた。

その芝が、「木馬亭に来た時は、小菅一夫[28]や室町京之介[29]に辛酸を舐めさせられた」と言ったことがある。絶対に殴られたり怒鳴られたりはしていない。が、昭和初期からの浪曲作家たちからは、「素人が余計な真似をしなさんなよ」くらいのことは言われたのだろう。芝にとっては、一生懸命やって、金も出して、人を集めて、結果を出して、「余計な真似」と言われたのは辛酸以外のなにものでもなかったのだろう。

芝によく言われたのは「お前は役立たずだ」。まぁ、掃除を手伝ったりということは一切しなかったからだろう。よくご馳走になっていたから、たまに、国際通りの「桃太郎[30]」で団子を買って、木馬亭の木戸に持っていった。そうすると、満面の笑みを浮かべたが、ある時、「稲田はなんの役にも立たないが、たまに団子を買って来るのが唯一の取り得だ」と言った。その時、横に居た豊芸プロダクション[31]の社長の小沢利一が「芝さん、言っていいことと悪いことがあるよ。なんの役にも立たないは、いくらなんでも酷いだろう」と怒ってくれた。こっちは毎度のことだから、何とも思っていなかったが、他人から見たら、心を傷つけるような罵倒に聞こえたんだと思う。

芝には怒鳴られたし、晩年は意地悪もされた。でも根本は江戸っ子だったから、深いことは何も考えていなかったのだろう。芝が亡くなる数ヶ月前に、二時間くらい筆者は芝と話をした。浪曲の話は一切せず、何がうまいとか、この間こんなものを食べたとか、食べ物の話しかしなかった。

Wikipediaに筆者の師匠が大西信行と書いてあるが、間違いである。日本脚本家連盟[32]に加入する時に身元引受人にはなってくれたが、師匠でも何でもない。

大西には一度だけ怒鳴られた。それも初対面の時だ。大西・作の「赤い夕陽」という浪曲の感想を芝に求められたので、大西・作とは知らなかったから、「つまんねえ」と言ったら、怒った怒った。

「赤い夕陽」は中国残留孤児をモチーフにしたネタで、澤孝子が口演したのだが、当時、筆者はジャーナリストのはしくれみたいなことをしていた時で、中国残留孤児の一時滞在施設に取材に行ったばかりの時だった。案外そのへんの事情に詳しかったんだ。浪曲でエンタメだから、涙を誘ういい作品である。孝子の「赤い夕陽が、あ〜っ」って節は心を揺さぶるんだ。でも、「赤い夕陽」は問題提議をしているんだけれど、突っ込みが浅かったんだよ。問題提議した悲しい実例はあるんだけれど、徐々に解決に動いていた時だった。

「帰れ！　出て行け！」大西は声を荒げて、そのあと芝に「浪曲がいくら衰退しているからって、こういうもののわからない馬鹿に意見を聞くな。十人の新しい客を集める前に、こういう害になる一人を排泄するのがあなたの役目だ」と言った。

以降、十年ちょっと、大西は筆者と口も利いていない。

なんだろうなぁ。正岡容の三十七回忌の時かなんかに、筆者は下働きで行っていて、その頃から、親しくなったのか。

大西が台本ゼミをはじめて、市川俊夫(33)と故・涌井和夫(34)が弟子入りしたが、彼らは台本の勉強に来ている弟子だから雑用はやらせられないからと、涌井の台本をワープロで打たされたり、何かと雑用を頼まれた。

九四年に澤孝子一門の稽古会が浪曲協会の広間ではじまり、毎回、大西が指導に来ていた。弟子の市川、涌井も来ていて、筆者は一門でないから呼ばれなかったが、市川から「勉強になるから来た方がいい」と言われて何度か行った。

大西の稽古は厳しく、孝子門下の順子、恵子らはかなりしごかれた。罵声も飛んだ。

稽古はだいたい厳しいものだが、いまは孝子門下を離れた男性の弟子にはとくに厳しく、「馬鹿野郎」は当たり前、「唐人お吉」の亭主の心情を語る節をいい声でやった彼に、「お前は馬鹿か。自分の女が他の男に抱かれているんだぞ。そんな声出すのか」などの言葉も飛んだ。

厳しいが役に立つ稽古だから、孝子一門以外の浪曲師も稽古に来ていた。時間をとって、大西は丁寧に教えていたが、ある時、その浪曲師に筆者は言われた。

「あなたは大西先生のお弟子でもないのに、なんでここにいるの？　お素人さんの来るところじゃない。帰りなさい」

その浪曲師にしてみれば、大西に怒鳴られるのは仕方がないが、怒鳴られてしょぼんとしているところを部外者に見られる屈辱は避けたかったのだろう。こちらも気持ちを察して、「お素人さん」と言われたのはかなり口惜しかったが、それ以降は行くのを止めた。

浪曲師だけでなく、三味線の伊丹秀敏や佐藤貴美江も何度か怒鳴られていた。貴美江は三味線を弾き過ぎて腱鞘炎になった。

ただ、昭和の中頃から三味線を弾いている秀敏に言わせると、「大西先生は優しいほう」なんだそうだ。

一方、玉川裕子は夫の玉川桃太郎が「男はつらいよ」(脚本・大西)をやった時、大西の指導を受けたが、「厳しい稽古だった」と言っていた。丸一日一席の浪曲を何度も繰り返し、駄目出しが出る。それまで桃太郎は、そういう稽古をしたことがなかったそうで、とまどっていたそうだ(『玉川太福読本』CDジャーナルで裕子に取材した時に聞いた話)。

ついでに、秀敏に聞いた話だが、秀敏自身が今は笑い話にしているがハラスメントに感じたことがあるそうだ(秀敏はハラスメントとは言わないが)。

松平国十郎の一座で巡業していた時、国十郎も厳しい師匠だった。弟子は厳しさに耐えられず逃亡する者までいた。おそらくハラスメントの極限に近かったのだろう。弟子は逃げてもいいが、三味線に逃げられては浪曲が出来ない。そこで、夜中、秀敏は縄で縛られて寝ていたそうだ。

稽古はどこの世界でも厳しい。

ただ、大西から教わったことの一つに、「(演出の時は)まず怒鳴れ」。芸人や役者が下手な演技をするから怒鳴るのではなく、こっちのいうことが正しいと印象づけるためのテクニックとして、「まず怒鳴れ」なんだそうだ。そして、結論を示さず、「違う」と言って何度もやり直しをさせる。それが正しいかどうかは知らないが、演劇の現場に何度か立ち合うと、そういう演出家も確かにいる。ぜんぜん、怒鳴らない演出家もいるから、なんとも言えない。

ちなみに、筆者は怒鳴ったり、結論を示さず「もう一回」とは言わないようにはしている。ある意味、大西が反面教師になった。まぁ、スゲエ下手な役者に怒鳴ったことはあるけれど、遠い昔だ。演劇の稽古で怒声というと、蜷川幸雄が有名だ。灰皿投げたりするそうだが、役者に当たることはない。これもひとつの、厳しさのパフォーマンスなんだろう。実際は知らないけれど。

昔、蜷川の芝居によく出ていた役者から聞いた話がある。蜷川の稽古は、とくに怖いことはない。アンサンブルだから、動きとかは厳しく言われて、何度も繰り返し稽古するが、怖いとか辛いはない。役者として完璧を求められているのだから、出来ないことで怒られるのはむしろ誇りだ。

ただ蜷川の芝居で怖かったことが一度だけあったそうだ。蜷川が稽古の初日に「今回の芝居は商業演劇ではありません。アングラ演劇です」と言ったんだそうだ。アングラ演劇、すなわちアンダーグランド、前衛演劇だ。ぬるいことはやらない、過激に演出をするぞという宣言ではない。大きな劇場だから、役者は商業演劇だと思って参加した。商業演劇なら相応のギャラがもらえる。アングラ演劇はギャラが無いに等しい。この時ほど怖かったことはなかった、とその役者は言っていた。

落語で筆者が実際に知り合った怖い師匠と言えば、やはり、三遊亭圓丈だ。

新作落語のカリスマ。

相当お世話になった。どのくらい世話になったかと言えば、うちに犬がいるのは圓丈のおかげだ。なんだか知らないが、二〇〇〇年頃、「犬を飼うべきだ」とずいぶん言われて、いま、うちには四代目の犬がいる。

「応用落語[35]」をやっていた頃、呼び出されて小言を何度か言われた。その時も決して怒声はあげない。静かに、ゆっくりと言う言葉がスゴイ。

「稲田さんには人間の心がない」「親に愛されていなかったから、そんな人間になった」

これ、かなりきついよ。

圓丈の新作落語の魅力はフレーズにある。言葉のセンスが鋭い。圓丈が亡くなった時、東京かわら版[36]で「圓丈フレーズ集」のページを作った時、「一個でも二個でもなんかありませんか」と言われて、速攻で三十個以上はフレーズが出て来た。「悲しみは埼玉に向けて」だけでも七、八個はある。

「稲田さんには人間の心がない」「親に愛されていなかったから、そんな人間になった」も入れたかったけれど、やめた。

「人間の心がない」とはどういう意味か。真剣に悩んだよ。「優しさが足りない」ということか。

「親に愛されていなかった」。えーっ、結構、愛されていたと思うんだが。多分、わがままに甘やかされていただけで、本当に愛されてはいなかった、という意味か。「俺は親に愛されていなかった」のかと、親が死んだ直後だったから、聞くわけにもゆかない。これはね、正直、かなり悩んだ。悩んで、悩んで、眠れなかったりもしたけれど。結局のところの、自分で導き出した結論は、圓丈はそういうフレーズが好きなんだ、ということ。

人の心に刺さるフレーズ、人の心に響くフレーズを言うのが好きなだけだ。

別に筆者は、人間の心がないわけではないし、優しさがないわけでもない、親にも愛されていた……かもしれない。多分。

ただまぁ、そう思うまでに、しばらくは掛った。

圓丈からは処方箋ももらった。それが「犬を飼いなさい」なんだろう。犬を飼えば、少なくとも犬には優しくなれる。

何年かして、その話を三遊亭白鳥にしたら、笑いながら言った。

「稲田さんは弟子じゃないから、そんなもので済んでいる。弟子は毎日違うスゴイ辛辣な言葉を師匠から言われて耐えているんです」

あー、そうなんだ。それは大変だ。そうして残って来たのが、新作落語のエリートたちなのね。

「でも、別に怒鳴られたり、酷いこと言われたりするくらい、なんともないですよ。殴られるわけじゃないんですからね」と白鳥は言った。

圓丈も殴らなかった。

確かに、最初は辛いと思う。だが、それを克服すれば、なんとかなる。むしろ、面白く感じる。

琴柳もそうだ。芦州の小言をカッコイイと思う。圓丈のフレーズも面白い。そこまで心の奥に突き刺さる言葉は滅多にない。頭の切り替えで面白いと思える場合もある。

三　酒

酒はハラスメントか、コミュニケーションツールか

「小言は言うべし、酒は買うべし」という言葉があるんだそうだ。

よくは知らない。言われたことはない。

上の者が下の者に小言を言ったあと、「まぁ、一杯飲め」と酒を奢る。

だが、これが現代ではハラスメントになるんだそうだ。

酒の飲めない人もいる。確かに。酒の飲めない人に「一杯飲め」は辛い。いや、それは例えで、飲めない人には「お汁粉でも」でいい。

そういうことではなくて、酒を飲むのは就労時間外のこと。奢ってくれるとは言え、なんで就業時間後に上司の酒席に付き合わなければならないのか。

だが、上の人に誘われれば、断わり難い。

今は上の人から誘う時は、「嫌なら断わってもいいけれど」を付けないといけないそうだ。

かつて会社の行事、花見や社員旅行、忘年会などは楽しみだった。運動会とかある会社もあった（いまもあるのか）。それが今は負担でしかない。会社も余計な金出して、社員も楽しくないなら、やらないほうがいい。そういう時代になってきている。

「嫌いな先輩っているんだよ。意地悪とかする奴な。そういう先輩に、飲みに連れて行ってくださいよ、って言うと、先輩だから。仕方なしに飲みに連れて行ってくれる。一緒に飲むと仲良くなれるんだよ」

こう語ってくれたのは、浪曲師のイエス玉川だ(『玉川太福読本』の取材で聞いた話)。

昭和四十年代くらいまでは、酒が高価だった。

若い芸人で、まだお旦なんていない奴らは、先輩に奢ってもらうしか酒なんて飲めなかった。だから。酒が飲みたいから、嫌いな先輩にも「飲みに連れて行ってください」と言う。

今は違うよね。なんで嫌いな奴、意地悪をするような奴と、仕事の時間以外でまで酒飲んで一緒にいなきゃいけないんだよ。

酒なんて、発泡酒なら百円くらいで飲める。ワンカップも一合なら百円だ。いや、上司の顔色うかがって、居酒屋で安い酒奢ってもらうより、自分の金で、うまい肴でうまい酒を飲んだほうが精神衛生上よい。

ただなんだよね。なんとなく虫の好かない人が、実はいい人だったというのはあるよね。

酒は話すきっかけ。酒がコミュニケーションツールだとしたら、いつもとは言わない。たまには、会社の先輩と飲みに行くのもありなんじゃないかと思う。

私は煙草は吸わないけれど、いまは煙草を吸う人たちは狭い喫煙所の中で小さくなって吸っている。サラリーマンの知り合いに聞いたら、重役とかが喫煙所に来たりして、喫煙者の平社員が顔覚えてもらって、仕事を抜擢された、なんていうことがあるんだそうだ。大勢社員がいる中で、こいつ顔知っている、話したこともある、なんていうのは大きいのかもしれない。喫煙はいいとは思わないが、煙草も酒同様のコミュニケーションツールになりうる。

「酒飲んで本音で話そう」、本音を話したら、切られたり。中には、酒癖の悪い奴もいれば、飲むと小言を言う奴もいる。女性でお酌を強要されたり、「二次会でカラオケ行くぞ」、下手な歌を聞かされて、落語の「寝床」みたいになる場合もある。

落語はホントによく出来ている。うまいものをご馳走してもらっても、嫌なものからは逃げたいし、嫌な人間関係はなるべく避けたい。

そういうリスクを回避するには、手銭で、うまい肴で飲んだほうがいいのかもしれない。

打ち上げ

落語の場合、「打ち上げ」というのがある場合がある。

寄席の楽日(37)なんかでトリの真打が、他の出演者を連れて飲みに行くことはよくあるそうだ。

独演会、勉強会など、助演者やスタッフへの慰労で、主催者が宴を用意したりもする。

あるいは地域寄席などでは、地域の人たちと出演者が交流する宴があったりする。地域の人たちの中には、寄席よりも宴会が楽しみで来る人もいたりする。しょうがねえなぁ、酒飲みは。

筆者もたまに打ち上げに出ることはある。で、飲んでいる席で、「こういうネタやろうと思うんだけれど、どう思う」「それなら、こういうやり方と、こういうやり方がありますよ」「ちょっとその線で書いてもらってもいい?」、仕事に繋がったことも何度かあった。

これは助演の芸人なんかでもあることだろう。助演の二ツ目と名刺交換し、地域寄席の出演を頼んだこともある。

「打ち上げ」では、主催の真打の弟子や、会の雑用を頼まれた前座は、とにかく働かなければならない。

会の雑用だけでなく、「打ち上げ」の雑用も前座の仕事のうちと考えられている。

地域寄席の場合は、主催者の地域の人が、知っている店を予約してくれていて、地域に雑用の得意な人もいて、万端仕切ってくれていて、弟子や前座も付いて行くだけ、という会もあったりする。

一方、独演会、勉強会の場合、主催者も行き当たりばったりのことが多い。その日のお客さんの数(収入)で店が決まったりもする。

「あの店、十人入れるかどうか、見て来い」

先輩に言われて、前座は走る。

「満席でした」

「そうか。なら、あの店を見て来い」

また、走る。

それも修業なのか。

店が決まる。席に着く。偉くない奴が上座に座っていると注意するのも前座の役目。偉くないったって前座よりは、多分、偉い人だから。

「すみません。そちらの席は○○師匠がお座りになりますので」

「あっ、そう。じゃ、あっちに座るわ」と素直にどく人もいれば、「指定席じゃねえんだろう。ここに座って何が悪い」と怒られることもある。うまくどかすのも、前座の器量だと言う人もいる。

皆が座ったら、注文を取り、焼酎とかウイスキーをボトルで頼む人がいると、下座で、水割りを作ったりもする。

たえず宴席に気配りし、誰かの飲み物がなくなりそうになった時に、

「お替わりはいかかでしょう」と声を掛ける。

店員じゃないのに。そこまでやるんだ。打ち上げの前座は。

出演者とスタッフだけの打ち上げならまだいい。そこに、お客さんが来ることもある。

お旦(金主)のお客さんが一人二人ならいい。大勢お客さんが来ることもある。

横浜にぎわい座が出来たすぐの頃、当時コーディネーターをしていた沢田隆治に、何故かわかんないけれど、筆者が言われたんだ。

「地下の野毛シャーレ（にぎわい座の地下のキャパ百くらいのスペース）で若手に勉強会をやるように言っているんだ。ただやるんじゃ駄目だ。このあたりは飲み屋も多いから、九時前には会を終わらせて、お客さんと一緒に打ち上げに行けと言っている。一緒に酒を飲めば、また次の勉強会にも来てくれる。そうやってお客を増やせと、若手には言っているんだ」

『てなもんや三度笠』の名プロデューサーが、若手の会に地道にお客を増やす方法を伝授してくれた……のかどうかは知らないけれど。

そんな風に、お客さんが芸人と交流できるような、若手の落語会は昔から、よくあった。わきあいあいと盛り上がる「打ち上げ」もあるが、そうでない「打ち上げ」もある。

地域寄席なんか、応援、支援してくれるお客さんは大勢、「打ち上げ」に参加する。

この水割りも、前座が作らなければならない。

「前座だから当たり前ですが、その席のお客様たち全員に水割りを作ったり、ビールを注いだりして回るわけです。すると、必ずといっていいほど、そこに自称落語好きとか落語通を気取っているおじいさんがいるんですよ。僕はまたそういう人たちから、なんか文句をいわれやすい、弱そうなタイプに見えるんでしょうね。そういう人が必ずやって来て、おい、キミ、今日のキミの落語は駄目だったな、とか、あんな落語じゃ駄目だな。いったい誰に教わったんだ？　なんて自分の好きなタイプの落語を押しつけてくる」（『ザ・前座修業』春風亭昇太）

昇太に限らず、それは前座は結構言われるらしい。

あー、筆者も言われたことがある。解説で出演した時、「勉強が足りない」とか。「なんでそんなことを言われなきゃいけないんだ。何屋だか知らないけれど、この人が僕の生活の面倒をみてくれるわけでもないし、目標とする落語もあるのに、なにを無責任なことを言っているんだ。まぁ、前座相手に威張りたいだけなんだろう、と思って、いつもぐっと我慢していました」(『ザ・前座修業』春風亭昇太)

お客さんは無責任なものだ。だから、我慢している前座は多い。

「この人が僕の生活の面倒をみてくれるわけでもないし」。言われた通りにやって受けなくても、お客さんは責任はとってはくれない。

だが、我慢しなきゃいけないんだ。

そういうお客さんは、師匠のご贔屓だったりする。

お客さんをしくじると、師匠をしくじることもある。

昇太は我慢したが、我慢しなかった奴を知っている。蜃気楼龍玉という落語家だ。

もう二十年くらい前かね。

何屋だか知らない無責任な、自称落語通のおじいさんというのが筆者だ。もう二次会か三次会くらいで、芸人とスタッフしかいない時だ。

二ツ目だった龍玉(当時は五街道弥助)が、「手前は何屋だ。落語家の修業もしてねえのに、落語の何がわかるんだ」とぶち切れた。その場にいた色物の師匠が弥助をたしなめて、その場は収まった。

翌日、その場にいた落語会のスタッフから電話があった。

「弥助が反省をして今、電話してきました。その場にいた全員にお詫びの電話をするそうです。稲田さんの電話も教えましたんで、許してあげてください」

「あー、そうですか。わかりました」と言って電話を切った。

あとで聞いたら、その場にいた全員に弥助は電話で平謝りしたそうだが、筆者のところには電話はなかった。弥助の意地であろう。

しばらくして、弥助は真打になり、蜃気楼龍玉となった。

蜃気楼龍玉の初代は落語家で明治時代の人だが、その前に龍玉を名乗っていたのは講釈師で水雲斎龍玉といった。江戸時代の終わりに、清水次郎長とも交流があった。交流があったどころではない。龍玉は次郎長の家で河豚に当たって死んだ。

森の石松を殺した都鳥一家が、次郎長一家が河豚に当たって主な子分が皆死んだという噂を聞いて殴り込みに来るが、実際に死んだのは龍玉と三下の子分数人で、返り討ちにあうという話に出て来るのが龍玉である。

あいつも河豚に当たって死んじゃえ、と少しは思ったが、河豚に当たるどころか、落語が当たって、いまや人情噺で大活躍している。おそらく十年後くらいには名人と言われているかもしれない。

まぁ、龍玉が名人になる前に、こっちは死んじゃっているだろう。

コロナで「打ち上げ」もなくなり、この先はこういう酒席は減るのかもしれない。寄席以外の気働きの場は減る。

実際に今、前座の上の方でも、打ち上げの経験がない子は結構いるんじゃないか。酔っ払いのおじいさんの暴言に我慢する、あるいはうまくかわす、時にはぶち切れるそういう技を身に付ける場は確実に減るんだろう。

四　セクハラ

ハラスメントで最初に話題になったのは「セクハラ」かもしれない。

「セクハラ」という言葉が流行語になったのは、昭和六十三年(一九八八)。令和の今も「セクハラ」はなくならない。つまり、「セクハラ」は平成を駆け抜けた‼

そんなわけはない。ようするに男女のことだから。なんかあっても、なかなか女性は声を上げられない。よしんば声を上げても、「女性にも隙があったんじゃないの」みたいに言われる。それが嫌で、泣き寝入りした人たちが大勢いるというだけの話だ。

いじめ問題も同じ。いじめを訴えると、必ず「いじめられるには、いじめられるようなことをなんかやらかしたんじゃないのか」と言われる。

ハラスメントの問題も全体に同じかもしれない。


これは世の中的には、というか女性の側からしたら間違っているのかもしれない。

筆者の考えでは。なんでもかんでも「セクハラ」というくくりにしていいのか、と思うんだ。

「セクハラ」には大きくわけて二種類あると思う。

職場の権力者、経営者とか管理職とか、人事権をもっている人が、昇進をちらつかせたり、あるいは降格や解雇で脅して女性に関係を迫る。

いま話題になっている芸能界のセクハラなんかこれだろう。プロデューサーや演出家が女優に、いい役を餌に関係を迫るというヤツだ。

それが一般社会にもあったりする。

とくに不況下、リストラの候補になったら困るようなパートの女性とかに魔の手が伸びたりする。

こういうセクハラ上司は絶対に許せない。司直の手に掛けて、社会的制裁を加えねばならない。

一方、ただのスケベな親父……、まぁ、男なんていうのはたいていスケベだから。

それこそ、森繁久彌じゃないが、うんと年取って隣の女の子のケツ触ったり。それはある意味、ユーモア。森繁がやるからユーモアかな。

世間話程度の下ネタを言うくらいは、地位を利用して関係を迫るのとは違う「セクハラ」なんじゃないか。

だが、女性に言わせると、どっちも大差はない。了見は同じだ。

スケベ心を抱くだけで犯罪？

ただのスケベ親父の気持ち悪さったらない、のかもしれない。

世の中には下ネタOKの女性もいれば、下ネタ大好きの女性もいる。そういう女性もいるから、大丈夫かどうかを聞いてから下ネタを話すとか。そういうのが必要らしい。

中には、ノーマルセックスの下ネタはOKだが、SMや変態プレイはNGという人もいて、もう難し過ぎる。

あるいは女性の下ネタを不快に思う男性もいて、これも難しい。


ただなんだよ。スケベ親父のセクハラと、権力を用いて関係を迫るセクハラが同等であるとは思えないんだよね。どうだろう。こういう考えが間違っているのか。


落語界はどうか。

女性落語家増えた。

一番の問題は着替えか。劇場などは、男女の楽屋を用意したり、楽屋とは別に着替えの部屋を用意したりする。

それは芸人を使う側、主催者やプロデューサーが責任をもって仕切る。寄席はどうか。ホント楽屋狭い。でも昔から、漫才とかマジックとか、女性の芸人はいた。うまく着替えたり、しているんだろう。

古典だから。最近は廓噺をやる女性落語家も多い。どう聞かせるかというのも、工夫次第だ。ひとつの芸人としての試練だが、やらない人もいる。やらないという選択肢も許されてはいる。

セクハラも、落語界では表立っては聞かない。

改めて取材をしたら出て来るかもしれないが、筆者は知らない。

落語界、スケベな師匠方が多そうにも見えるが、案外そうでもないのか。

「出来心」って落語がある。

新米の泥棒が親分から、泥棒のハウツーを教わって失敗するというネタだが、新米の泥棒が親分の家の隣に入ろうとするので、親分が「町内離れろ！」と怒る。

落語家はこのネタを知っているから、手近な女性には手をつけない、という不文律があるらしい。

サラリーマンでも、「セクハラ」でなくても男女の関係、たとえば社内恋愛なんかして、ラブラブのうちはいいが別れちゃったりすると、社内でぎくしゃくしたりする。だから、泥棒と男女関係は「町内離れろ！」。

お囃子さんやスタッフと結婚した落語家もいるが、落語家同士もいるけれど、少ないよね。

もちろん愛があれば町内離れなくたっていいいんだが。

「セクハラ」とか不倫とか、うしろ指さされそうなことは、町内離れてやるものなのかもしれない。

お笑いの世界では、酷い話はいくつかは聞いている。

ちょっと色情狂みたいな師匠の話も聞いたし、ＬＧＢＴＱ(38)問題になるが、男性の弟子が被害者なんていう話も聞いたことがある。

それでいうと、江戸時代は殿様のお相手を家来がする、なんていうのは普通で、普通というよりも、それが衆道という「道」で、主従が性的関係を結ぶことが絆となったなんていう話もある。これも戦場での絆を深めるための行為で、戦争という極限状態の話であろう。

「生まれた時は別々だが、死ぬ時は一緒」というのは、軍人ややくざの発想で、落語は違う。「生まれた時は別々だが、死ぬ時は別々」というのが「当たり前の仲」だと言われる。

別にＬＧＢＴＱを否定しているわけじゃない。性的志向としてはありだが、それも相手に強要するようなことはあってはいけない。

筆者はどうか。「セクハラ」したことはあるか？　エロ話は普通にするから、それを「セクハラ」ととられたら、完全にアウトなんだろう。

「セクハラ」されたことは残念ながら、ない。「残念ながら」と書くところが、すでに「セクハラ」なのか。

ついこの間、浪曲の天中軒雲月に言われた。

「稲田さんは偉いわ。永く業界にいて、女でしくじったこと一度もないやろう」

それは「偉い」のか、ただモテないだけだろう。

五　破門

修業中の落語家が何が一番怖いのか。

師匠の小言や拳骨よりも、破門になることが一番怖いんじゃないか。

師匠から、この子は適性がない、と思われた時、師匠は「破門」を言い渡す。

落語が好きで、落語家になりたくて、いろんな伝手をたどったり、勇気を持って師匠に入門を頼み、しくじりながらも修業の一歩を踏み出した。

そこで破門になったら。

大好きな落語とお別れしなければならない。

別の師匠のところでやり直す、というのもあるんだ。

それで成功した落語家もいる。

でもそれは稀なケースで、だから、師匠を代わって成功した人たちは賞賛されている。

でも、たいていは落語界を去って行く。


破門になるのはどういう時か。

破門率が高い、というわけではないが、『ザ・前座修業』で、小三治と正蔵が破門について語っている。

ちなみに小三治の最初の弟子三人が破門になり、その後も約十人が破門になっている。

「私が弟子を破門にしたのは見るに見かねてという状況の時です。(中略)それは弟子の性格に私が我慢できなかったとか、なにかというと嘘をつこうとしたりとか、いつもカッコばかりつけたがったからとか、ですね」(小三治)

カッコばかりつける弟子、お供で行く時も、いつもいい服を着ているから、小三治は再三注意をした。いい服を着ることがいけないんじゃない。外見を飾りたがる人は、やがて自分の心を飾るようになる。落語はカッコじゃない、「心」だ。「落語は心で語るもの」、それが五代目小さんから小三治が受け継いだ落語で、そのことを小三治は弟子に伝えたかった。それが理解できないのなら、小さんの弟子の小三治の弟子である意味はない。だが、弟子は小三治の注意を聞かなかった。

「入門したばかりの若いヤツに、カッコじゃない心だ、なんてこと理解できやしないんです。だから、いわれたことをただ黙ってやっていけばいいんですよ」(小三治)

それが出来ないことがわかったので、破門にした。

「破門は、話し合いの結果辞めてもらったものや、自分から辞めたのとか、あと逃亡もあり、いろいろです」(正蔵)

酔っぱらって警察沙汰になって、仕方なく破門にした弟子もいたという。

初代三平門下は弟子が多かったから、売れる寸前で、金や女や博打で消えて行った人や、病気で辞めた人などもいた。

「しくじったら辞めさせる、というよりも、育ててあげたい、という気持ちが強い。いつ花開くかはわからない」(正蔵)

育ててあげたいと師匠が思っても、去って行く弟子もいる。落語家の了見の難しいところなのか。

また、破門について、圓丈はこう言っている。

「たん丈(現・丈助)という弟子がいるが、私はこの弟子を何百回破門にしようと思ったかわからない。思いとどまったのは、やはり円生の影響かもしれない。教育方針が似ている気がする。自分を頼って来たのだから、なんとかなってほしい」(圓丈)

破門は「不幸の種を撒くこと」だと圓丈は言う。また鋭いフレーズで、破門を否定する。その圓丈が破門した元弟子は、二週間の無断欠勤だった。「病気だ」とか理由を言えばいいのに、会社でも許されることではない。話し合いの上、「落語をやる気がもうない」と判断し破門にしたという。

小さんの精神を小三治が、三平の精神を正蔵が、弟子たちに繋いでいる。そして、圓生の想いもまた、圓丈に伝わっている。そのための修業がある。それが伝わらなかった時、弟子が理解しようとしなかった時には、破門もありうるということなのか。

「正しい修業はこうあるべきだ、なんてない。いろいろあっていい。それぞれが正解だ。私が破門にした弟子たちも、なにも人間として失格だったわけじゃない。私のところには合わなかっただけのこと」（『ザ・前座修業』小三治）

落語というのは、いろんな落語があり、小三治の考える落語、正蔵の考える落語、他の師匠の落語と、皆、違う。無理だと思ったら、辞めるのも弟子の選択肢のひとつだが、他の師匠の門下に移るハードルは高い。

最近聞いた話で、前師匠が次の師匠に頭を下げて、辞めた弟子を世話したという美談もあったようだ。

そんな例は稀で、だから美談になる。

破門になったり、自分から辞めて、大好きな落語を諦めた弟子のほうが多い。だから、たいていは歯を食いしばって我慢するしかない。リターンマッチの機会が増えれば、我慢することは減るのかもしれない。

第四章　修業とハラスメント

たとえば、昔、江戸時代は、商家に勤めるのは就職でなく奉公だった。

丁稚奉公というは無給で働く。それは就職でなく、働きながら商売の勉強をする場であった。働きながら、読み書きや算盤、人付き合いのやり方などを勉強するのだ。飯は食わせてくれるし、仕着せ（ユニホーム）も支給された。住み込みだから寝床もある。使い走りなどをすれば駄賃くらいはもらえた。

五年くらい丁稚を勤めれば手代に昇格する。手代になれば、相応の給金がもらえた。さらに勤めれば番頭になり、当然昇給もし、場合によっては歩合給がもらえたりもした。その先は、一生番頭として勤めるものもいれば、店から資本を出してもらい、別の店の主人になるものもいた。これを暖簾分けといった。

貧村の子供で口減らしに奉公に出されるものもあったが、大店《おおだな》なら、信用のある仲介者がいなければ奉公には行かれなかった。

無資産の家の子が何十年か辛抱すれば、商家の主人や、大店の番頭になれる、ある意味、大店に丁稚奉公するというのは、エリートコースの入り口だった。だから、数年間、無給で働くのも辛抱出来た。

中には、丁稚奉公の途中で辛抱出来ずに辞める者もいた。クビになれればエリートコースの人生がジ・エンドだ。あるいは、手代、番頭になっても、何かしくじりをやらかしてクビになる者もいた。クビになればエリートコースの人生がジ・エンドだ。落語「百年目」の番頭は遊びが主人にバレたことでクビを恐れた。

あるいは、商人の資質がない、商売の才能がないと主人が判断すれば、その時点でクビになることもあった。

もう一つの奉公は一期半期の奉公人。下男、下女といった、飯炊きや掃除や、荷物運びなど、主に雑用や肉体労働をするために雇われる奉公人。これは期間を決めて、一定の報酬がもらえた。今で言えば派遣社員に当たる。人手不足の時は他の業務に借り出される場合もあるが、おおむね決められた仕事しかしない。仲介者はいらず、桂庵(現在の派遣会社)から斡旋された。

明治時代になり、規則が改められ、丁稚奉公にも給料が発生するようになった。ただ考え方としては、戦前までは丁稚奉公はあくまでも、商売の勉強に行くものだった。

落語のお店物で昭和初期の設定でも(「藪入り」など)、番頭、丁稚のような表現が違和感がないのは、江戸時代とは違うが、近いシステムがまだ残っていたからだろう。

一方、職人の世界は弟子入りになる。内弟子になって、下働きをしながら、やはり無給で仕事を覚える。

職種や親方の指導法によるが、下働きをしながら見て覚えるものや、手取り足取り教えてくれるものもある。江戸代なら当然、拳固も飛んだ。

ある程度仕事を覚えれば給金ももらえたが、それで酒や博打、女でしくじる者もいた。

もっともある程度修業を積み腕があれば、他所の親方のところで働くことも出来た。手に職がある強味だろう。

年季が明ければ、旅に出てさらに修業を積んだり、親方のところで通いの職人になったりもした。大工などは集団で作業をするから、一人前の大工を何人か抱えていなくてはならなかった。

職人を何年かやると、親方になる者もいたが、親方というのは職人というよりもマネージメント業務になる。落語に出て来る「どうか出世をするような災難に遭いたくない」というのはクスグリ[39]ではあるが、別の意味もある。職人の出世、親方になるというのは、現場の職人からマネージメントに職種が変わることをいう。収入は増えるが、現場からは離れる。商人や武士の出世とは意味が違う。腕一本、技で稼ぐ職人の中には、出世を「災難」と思う人もいたのだろう。

そうした修業を経て一人枚になる職人の世界は今もある。

あるいは料理人の世界などもそうかもしれない。

商人の世界ではほとんどないのだろうが、職人、主に伝統工芸の世界や、料理人、そして、芸人の世界には「修業」が大きな意味を持つ。

「修業」により受け継がれた技や考え方が、意味深い。だから、「伝統」なんだ。という考え方がある。

それを教えるためには、罵倒や拳固も必須。また、才能のない者は早々に辞めさせてあげるのも親切だった。

「修業」というシステムが崩壊すれば、師から弟子に伝わる「伝統の絆」がとぎれることになり、そのジャンルはなくなってしまう、あるいは形の異なるものになってしまうのかもしれない。

一　果たして修業により「技」は身につくものなのか

一方で、「修業」という形態に疑問を抱く考え方もある。

技術は教えれば伝わる。もっと言ってしまえば、ネットで調べればわかる。

工芸や芸ごとは、才能のない奴はどんな厳しい修業をしても、あるいは手取り足取り教えても駄目で、才能のある奴は一を教えれば十理解できる。才能のある奴が、拳固が嫌でその世界に来ないことが損失になる。

厳しい修業をするよりも、教え方を効率よくシステム化したほうがよいという考え方もある。コロナ禍で大学の授業がリモートだった。授業でだらだらと教授の話を聞くより、授業内容が書かれたレポートが送られてきて、それ見たほうが理解は強まる。読まない奴は読まないだろうが、勉強したい学生には、教授の手でまとめられたレポートのほうが貴重だったりする。

果たしてそうか。同じ釜の飯を食うことの意味は、結構大きいのではないかと思う。あっ、コロナ禍で、同じ釜の飯はともかく、一緒に鍋をつっついてはいけないのか。

もっと言ってしまえば、落語って、教えたからといってうまくなるものなのか？　厳しい修業をしても、下手な奴は下手だ。ある意味、感性に左右されるところがある。面白い奴は最初から面白い。修業により多少の技術の向上はあるのかもしれないが、才能の占める割合が、他の伝統芸能よりも大きい。

現代において、「修業」そのものを認めない考え方がある一方、伝統工芸、料理、伝統芸能の世界では「修業」の必要性、重要性はおおむね理解はされている。

ただ、その「修業」の過程にハラスメントがあったり、暴力などがあることは、誰もよしとは思っていないだろう。

落語の場合、いや、職人とか芸能者でも、一流と言われている人たちには変人が多い。

名工なんておそらく、師匠のやることを見て技を覚え、あとは自己の才能と研鑽、そして工夫で世間に認められるようになった。師匠をただコピーするだけでは、多分名工とは言われなかった。才能、研鑽、工夫の三位が大事。その才能や、工夫の原動力には、個人の変人的感性も含まれるのかもしれない。

それを学ぶひとつの方法として、「修業」というのがあるのかもしれない。

師匠の性格や、おかしな言動を間近で楽しむのも、ある意味、弟子の特権かもしれない。だが、それが日々のことで、さらに辛い、苦しいと負担に感じることがあれば、なんらかの対応は必要である。

落語の場合、学ばなくても面白い奴もいる。業界用語ではこれを「フラ」という。あるいは、ずっと下手だった奴が、ある日突然面白くなることもある。これを「化ける」という。

素人がＤＶＤ見て落語を覚えても、いや、もっと言えば、新作落語を作って、落語の形式で演じて、プロの落語家よりも面白い奴はいる。タレントや俳優が落語をやって、落語家よりうまい奴、面白い奴なんていうのはいくらもいる。

では、落語家のプロと素人は何が違うのか。

一つは場数。落語家はほぼ毎日、落語をやっている。

音楽家は一日何時間か楽器を演奏しないと腕が落ちる、と言う。三遊亭圓生は、落語は「砂の山」だと言ったそうだ。稽古をしないと、すぐに崩れてしまう。それは昭和の名人レベルの芸を保つ難しさを言った言葉だろう。

並の落語家でも、前座時代は落語漬けの生活を送る。先輩たちの受ける受けない、いろんな落語の場面を見て、落語がどういうものかを体得している。真打になって落語と毎日は接しなくても、落語が体に染みついているから、自転車と一緒で高座に上がれば落語が出来る。

タレントや俳優も舞台という場数があるから、それが出来る。ただ、彼らが落語をやる時は、実は落語家の何倍も稽古をして舞台に臨むんだと思う。

いま、落語家は東西合わせて約八百人いる。そのほとんどが、落語で糧を得て生活している。そんなことが可能なのか。可能なんだ。下手な落語家も、それは下手な落語家の生活は苦しいだろう。アルバイトやセカンドビジネスをやっている人や、家が金持ちの人もいるかもしれないが、それをおおっぴらにせず、基本は落語で生活している。並の落語家は、高座の収入で、普通以上の生活をしている。乙な蕎麦屋で玉子焼きで一杯飲んだりとか、くらいのことはしている。

それがなんで出来るのか。修業という過程で得た、国家資格でも認定資格でもないが、落語家のライセンスがあるからだ。「落語家です」と言えば、「ちょっと集まりがあるから、面白い噺をしてよ」みたいなお座敷が掛かる。小さな落語会を開催すれば、そこそこお客さんが集まり、いくらかの実入りになる。それは素人落語家ではなかなか出来ることではない。そうやって八百人の落語家が生活をしているのだ。

二　ハラスメントとは何か

職場のパワーハラスメントとは、職場において行われる①優越的な関係を背景とした言動であって、②業務上必要かつ相当な範囲を超えたものにより、③労働者の就業環境が害されるものであり、①から③までの三つの要素を全て満たすものをいいます（厚生労働省のＨＰより）。

ハラスメントの意味は「いやがらせ」「いじめ」。相手の意に反する行為で不快を抱かせる言動を言う。パワハラ（職場の上司などによるもの）、セクハラ（性的いやがらせ）、マタハラ（妊婦に対するいやがらせ）、モラハラ（人格を傷つけるもの）など。

中には、ソーハラ（ＳＮＳによるハラスメント）、スモハラ（喫煙者による非喫煙者へのハラスメント）、スメハラ（臭い）、音ハラ（音）なんかもある。口や足が臭かったり、声が必要以上にでかかったりしてもハラスメントになる。

また、ハラハラ、「それはハラスメントだ」と必要以上に騒いで上司を困らせるのもハラスメントになる。

喫煙所で煙草を吸っても近くに非喫煙者がいたり、臭いや音とか、気付かぬうちにハラスメントになっていることもある。パワハラの加害者も、いじめているつもりなんてない場合もある。気の持ちよう。とも言えなくはないのかもしれないが、被害者にしてみたら、それが必要以上に辛かったりする。

だからと言ってその場で声を上げると「ハラハラ」になる。だから、企業が相談窓口などを設け、被害者の言葉に耳を傾け、ハラスメントがなくなるように努力しなければいけない。

そらハラスメントがないに越したことはない。

皆が気持ちよく仕事が出来ればいい。

だが仕事にはミスはある。なまけて業務に支障をきたすこともある。そんな時は、昔は上司が注意をした。酷い場合は、叱責、罵倒もあった。それこそ、昭和の体育会上司なら気合の鉄拳もあったのかもしれない。そして、「小言言うべし、酒は買うべし」で収めて来た。

今は、場合によっては注意もしない。ただ、ミスが続けば勤務評価を下げる。それで減給や昇進出来なかったり、解雇されることもある。それもある意味、注意しないパワハラになったりする。

勤務評価というのも曲者で、ミスもしていないのに、上司が気に入らない部下の勤務評価を下げたりする。だったら、勤務評価をシステム化しよう、昭和の終わり頃から、人事評価システムも完備されてきている。だが、人間と人間のことだ。数字だけで評価出来ないものもある。

ようは、きちんと、企業の経営者なり管理者なりが、目配り気配りして、皆が気持ちよく働くことが出来る環境づくりに努力しましょう。頑張りましょう。
そういう世の中の流れになって来ている。

三　伝統芸能は変わるのか？

五代目柳家つばめという落語家がいた。五代目柳家小さんの弟子で、立川談志と同期、柳家権太楼や夢月亭清麿の師匠である。國学院大学を卒業し教員免許も持っていた。当時の落語家の中ではかなりのインテリだった。新作落語を得意とし、多くの著書も残しているが、若くして亡くなった。つばめの著書に『落語の世界』がある。何年か前に河出文庫で再版もされた。『落語の世界』は落語入門書でもあるが、落語入門書というよりも落語家入門書である。落語家の修業や、二ツ目、真打になってからの生活のことまで詳しく述べられている。昭和四十年代のことだから今とは事情が違う部分もあるだろうが、おおむねのところでは変わっていないのかもしれない。

『落語の世界』はまず、いきなり自殺した落語家の話から入る。それだけで興味を引かれるかもしれないけれど、読みたくなくなるかもしれない。踏み絵みたいな本だ。

普通自殺する人は、生活苦、借金が返せなかったり、失恋したり、そんなようなことが原因だろう。落語家は生活苦や失恋くらいでは自殺しない。借金なんか踏み倒せばいいし、失恋したら「次はもっといい女に会える」くらい前向きでないと芸人なんて務まらない。

落語家が自殺する理由は、芸道の苦しみだという。落語にむしばまれ、泥沼に落ちた時、落語家は自殺を考える。受けたいのに受けない。これが辛いのだ。

芸に行き詰れば辞める、という選択肢もあるのに、落語には、落語を続けるか死ぬかの選択肢しかない魅力があるのだという。

前座のうちは、くじけそうになった時は、己を殺して耐えろと先輩に言われる。

林家正蔵がのちのち「心が折れないための厳しい修業が必要だ」と言っているのは、そのことなのだろう。父、三平の数多くいた弟子の中で、真打になってから、くじけて消えて行った落語家を見ている。自殺者こそ出ていないが、さまざまなプレッシャーに負け、酒や博打に逃げ、体を壊したり、大好きな落語家を廃業せざるえなかった落語家たちがいたのだ。

伝統芸能は変わるのか、と聞かれたら、変わらないし、変えちゃいけないのが伝統芸能。

近頃、歌舞伎がいろいろ新しいことをやって眉をひそめている人たちがいる。いや、歌舞伎は伝統芸能じゃなくて大衆芸能。大衆とともに発展して来た。だから、どんどん新しいことをやるべきなんだ。なのに一部では伝統の上に胡坐をかき、一方で現代のエンタメとして生きようと模索する矛盾に苦言を呈する人たちがいるという話だ。

落語はどうか。落語だって大衆芸能。だから、新作だってある。

落語は三百年の伝統がある？　落語とは何かの考え方にもよるが、寛政十年の可楽からと考えれば二百年だ。いやいや、今、古典と言われれれている落語の多くが出来たのは、幕末〜明治だ。百年〜百五十年。さらに言えば、今、柳だ、三遊だって芸風の話をするが、今の柳、三遊の芸風は、五代目小さんと六代目圓生の芸の系譜であって、明治時代の柳、三遊は意味が違っていた。

前座のうちは古典をきっちり勉強する。落語に古典という言い方がいいのか悪いのかはともかく、これは必要なことだ。上下《かみしも》とか、目線の位置、口調、仕草、こういった技術が古典にはちりばめられているから、基本に忠実に前座噺を学ぶことで、落語の基礎が身に付いてゆく。あとは、楽屋耳で、いろんな先輩の高座に接して、深い技を習得してゆく。

だが、これはそれこそ、教室みたいなところで、システム化したカリキュラムで教えたほうが早いのかもしれない。

ここからだよ。落語家としての真価が発揮されるののは。

落語は古典じゃない。習ったままやったって、駄目だ。時代に合わせて、観客に合わせて、受ける工夫をするんだ。

工夫して、受けるにはどうしたらいいか。知らない。それを学ぶのが修業だったり、あるいはその落語家の感性だったりする。感性は個人差だし、修業の形態も一門により異なる。

だが頑張っても受けない時もある。自分で反省しているところへ、師匠なり先輩なり、あるいは贔屓の客や評論家から小言を言われる。

「お前、いまのネタは誰に教わった?」

「○○師匠に教わりました」

「○○さんはあんなやり方しねえだろう」

「あそこは私の工夫です」

「馬鹿野郎、そんな工夫じゃ駄目だ。もっと古典に忠実に、しっかりやれ」

頑張って工夫をした。それが間違っているのかもしれない。たまたま受けなかっただけで、間違っていないのかもしれない。さらに工夫をすれば受けるかもしれないのに、工夫を否定される。

これが結構厳しいのかもしれない。

だが、たいていの人はこの程度のことでは挫けない。

贔屓の客や評論家の言うことは適当にうなずいて無視する。あるいは、もっともだと思う所は考慮する。そういう処世術が必要だ。

ただ、大好きな師匠や、尊敬する先輩から否定された時、やはり心の傷は大きいのかもしれない。

伝統芸能は変えちゃいけないから、伝統芸能。だけど、世の中の変化で、どんなものでも変わる。

落語は大衆芸能。変わるスピードも速い。

古典と新作のボーダレス化。でも古典好きな人多い。安心できる。

だから、変わらないものもたくさんある。

落語家は愉快な人たち。愉快でいるために、皆、厳しい修業を経て来た。だけど。

厳しい修業と辛い修業は違う。このあたりの考え方が大きく変わらなければ駄目なんじゃないか。昔は破天荒な芸人がいた。飲む打つ買う。下の者を殴る蹴る。破天荒な芸人がいなくなったから落語はつまんなくなったか？　そんなことはないでしょう。

破天荒な芸人、芸人に限らず破天荒な人は今でもいるんだよ、世の中。ただ、それを許さない世の中になった。芸人くらい破天荒でもいいじゃない、って言うのは、俺みたいな、少し距離のおける者ね。遠くで見て「馬鹿だね」って面白がっている。家族や友達や親戚、まして弟子はいい迷惑だよ。

破天荒の原因は何か。もともとそういう人なのか。教育環境か。何かで躓き性格が変わったのか。病気かもしれない。ちょっとした悪ふざけ……、これもいろいろ。

当人がわかっている場合もある。わかっちゃいるけど、やめられねえ。

それは仕方がない。

でも、わかっていなかったら、教えてあげることは出来るかもしれないね。誰が？　誰がやるべきことなんだろう。

第五章　元・天歌の件の動向

　この原稿を書きはじめたのが、だいたい十二月の中頃くらい。今は二月の頭。書くの遅い。普通のルポライターなら三日くらいで書いちゃうんだろうけれど、自分でも考えがまとまっていない。今でもまとまっていない。

　ここでは、この原稿を書くきっかけとなった、元・天歌の告発の経緯と、それに関する考えを改めて記すことにする。その上で、伝統、師弟などの考え方をまとめて、この原稿の終章としたい。

一　元・天歌の件を時系列でまとめる

二〇〇九年十二月　元・天歌が、三遊亭歌之介（現・四代目圓歌）に入門。
　　　　　　　　　前座名は、「三遊亭ございます」

入門してすぐに師匠による恫喝、暴力がはじまった。
二〇一四年十一月　二ツ目昇進。三遊亭天歌と改名。
二〇一七年七月　師匠よりの暴行を、上野の路上で受ける。
二〇一九年三月　歌之介が四代目三遊亭圓歌を襲名。
二〇二二年二月二十日　天歌は圓歌より破門を言い渡され、破門を覚悟する。
三月三十日　落語協会に内容証明を送付。「圓歌の暴言暴力を認めるのか。パワハラ防止の活動についてどう考えるのか」の二点を問う。
五月十日　落語協会より回答。コンプラの遜守を呼び掛けている。
六月十日　柳亭市馬（落語協会会長）、落語協会の弁護士、天歌、天歌の弁護士で会談。
十月十二日　「Friday デジタル」に、一連の件に関する詳細な記事掲載。落語協会は取材を拒否したことも書かれている。

＊以上の項目は「Friday デジタル」の記事参照、演芸界の動向に関しては「東京かわら版寄席演芸年鑑」参照。これ以降は元・天歌のブログ、Twitter、筆者の見た他芸人、演芸関係者、一般のファンなどのブログ、Twitter など参照。
＊この時期、若手芸人の天歌への応援メッセージが Twitter に見られる一方、落語ファンから

の「伝統芸能への反逆」的なコメントも見られた。

十月二十日　三遊亭圓歌、落語協会理事を辞任。
十月二十二日　三遊亭圓歌、落語協会に天歌の破門届を提出。
以後、元・天歌となる。
十月二十八日　落語協会が会員に対しハラスメントの説明会を行う。
十一月二日　笑福亭羽光がブログにて、ハラスメントと前座修業に関する記事を発表。
＊他の落語家が沈黙するなか、蓮雀亭でともに番頭役を務めた仲間として、天歌の味方になるべき、という義侠心から記事を書いた(羽光・談)
十一月二十二日　落語協会にハラスメント窓口が開設される。
十一月二十四日　元・天歌が「落語協会にハラスメント対策の徹底を求める」署名を開始。
演芸制作会社社長の古舘理沙がハラスメント黙認を恥じる、ハラスメント対策が必要と Twitter でコメント。
＊この頃より、関係者、一般の演芸ファンより、元・天歌を励ます Twitter のコメントが増える。

十二月一日　「週刊新潮」に記事掲載。圓歌のコメントも載る。
十二月四日　日刊スポーツに、演芸担当記者、林尚之の記事掲載。
十二月二十三日　第一回民事裁判。圓歌側は弁護士を通じ、二三年二月二十日の平手打ちは認めるが、指導の一環としてであったと述べる。
十二月二十六日　落語協会、ハラスメント説明会。
一月十三日　落語協会より、「一門の師弟関係への積極的な介入は困難」との回答が元・天歌のもとへ届く。
一月十七日　元・天歌の弁護士が落語協会に質問状を送付。
一月二十九日　第二回民事裁判（非公開）。

というのが現時点での状況である。

ハラスメントは社会一般的に許されないことであり、とくに暴力に関しては容認出来ることではないというのは衆目の一致するところである。この件が落語家、関係者だけでなく、裁判や報道などで一般に広がることで、Twitterなどのコメントも大きく変化していった。

一般の人が天歌を応援する、あるいはハラスメントの批判、そして、落語協会の遅い対応への批判を語るようになった。また、一部の心ない人たちによる、圓歌への個人的な批判も見られるようになった。

二　不幸な結末

圓歌の暴力に関する件は裁判により係争中である。これは裁判所が結論を出すことで、もう他者がとやかく言うことではないのだろう。落語家が裁判するのは「野暮」なのかもしれないが、法治国家においては不利益に白黒をけるのは裁判しかないのである。

ただ、ことが泥沼化すれば、元・天歌も圓歌も、落語協会も、いろんな意味で不幸になることは確かである。リセットボタンを押すわけにはゆかないが、早い収拾があればいいなぁ、とは思う。

元・天歌も一日も早い高座復帰が出来ればよいと、筆者は勝手に思う。無責任な言い方だが、落語家の使命は何かと言えば、落語をやることだと思う。

お客さんを笑って楽しませること。人情噺で感動させても、江戸前の世界に導いてもいい。修業も稽古も、師匠の雑用も、それをやるために越えなければならないこと、なんだろう。

当人が落語協会へのこだわりがあるのか。他の協会に移ってでも高座を続ける意思があるのかどうか。引き受ける師匠も「裁判起こす弟子は持ちたくない」と思うかもしれないが、落語家大勢いるから、変わった奴を引き受けてもいい、という師匠もいるかもしれない。

むしろ、元・天歌にしてみれば、声を上げたからは、落語協会がコンプライアンスにしっかり向き合う体制を作るところまで運動をしてゆく、ハラスメントをなくすことが目的となっているのだろうか。それは尊敬に値するが、うーん、いや、他人が勝手に言うことじゃないのかもしれないが、高座に上がってこその落語家なんじゃないかなぁ、とも思う。

大きなお世話以外のなにものでもないのだが。泥沼化するのは不幸な結末でしかない。

三　伝統とは何か

ちょっと元・天歌のことから話はずれるが。

巷でＬＧＢＴＱへの差別が問題となり、他国から「日本は伝統に縛られて、対応が遅れている」との指摘がされている。

世界では、伝統は守らなければならないものではなく、伝統から解放されて新しい世の中を作ってゆかねばならない、という意味なんだね。貴族制度が残っていたり、騎士道精神や愛国心で銃を持つことが是とされている国から言われたくねえ、という思いもあるんだが。

文部科学省の道徳教育における小学生の指導要綱には、「5　伝統と文化を尊重し、それらをはぐくんできた我が国と郷土を愛するとともに、他国を尊重し、国際社会の平和と発展に寄与する態度を養うこと」とある。「伝統と文化」については学校で教えなくちゃいけないことの一つとしてあげられている。

ここでいう「伝統」とは何か、「文化」とは何か、というのが問題になって来る。学校で教えられるものなのか、どうなのか。

学校で尊重するものとして教える伝統が、国際社会においては解放されなくてはいけないものと定義されている。

伝統芸能の世界はどうなのか。

ただの技の習得なら、厳しい稽古なんていらない。むしろ落語の場合、技よりもセンスが大事なのかもしれない。だからこそ、精神的支柱が必要なのかもしれない。

「極意」とはその道を極めた者だけが知る究極の技を言うのだろうが、実はそれは技術的な技よりもむしろ精神的な心構えであることが多い。そうした精神的な心構えを修業により体得することが「極意」となる。

伝統は因習とは違う。家父長制やＬＧＢＴＱを否定するのが伝統ではない。江戸時代、家父長制は武家と農家の話で、江戸の町人にはあまり関係ない。商家はとくに実力主義だ。ぼくくらな長男が跡を継いだら店が傾くから、弟が優秀なら弟が継いだ。男の子全員駄目なら娘に婿をとらせたり、どっかから優秀な奴を連れて来て養子にした。男尊女卑はあったかもしれないが、家父長制が浸透したのは明治以降だ。弥次喜多[40]を見れば、奴らは普通に、ゲイでバイだ。

落語は古典芸能ではないが、伝統的な形をベースに受け継いで来ている。着物や座布団が伝統なんじゃない。立川談志風に言えば「江戸の風」、江戸っ子の了見を笑いに転化した形が落語なんじゃないか。

もっと言えば、室町時代や江戸時代から続いているから伝統なんじゃない。二十年くらいでも、それを伝え残そうという思いがあれば、ある意味、それは伝統となりうる。伝統芸能の師匠っていうのはそういう存在なのかもしれない。

四　結局は個人と個人でしかないのか？

落語界は「入門志願制度」、なんだそうだ。どこの師匠に入門するのも入門者の自由だ。真打なら、どこにでも入門のお願いに行かれる。師匠が「ＯＫ」なら弟子入り出来る。「ＮＯ」なら弟子入りは叶わない。見習いとか、見習い前の試用期間を設ける師匠もいる。師匠が見て、落語家としてやってゆけそうなら弟子入りが叶う。また、入門者が、この師匠は思っていたのとは違うと思えば、辞めるのも自由だ。

会社は上司を選べないが、落語家は師匠を選べる。先輩や兄弟子は選べないが、昔は狭い世界だから一生の付き合いだったかもしれないが、現在ならば、前座の間辛抱すれば、あとは活動の場はそれぞれ違う場合もある。

落語に対する考え方、厳しさ、優しさ、いろんなものが違う。落語協会とか落語芸術協会でマニュアル化されているものは何もない。

前座の仕事にある程度のルールはあるが、寄席は毎回違うお客さんが来る。だいたい同じでも毎日違う。前座はそれに合わせて対応しなくてはいけない。

着物や袴の畳み方も違う。コロナ禍前は、お茶の好みも違って、「○○師匠はぬるいお茶」「××師匠は濃いお茶」みたいな申し送りが先輩前座から後輩にあり、守られていたらしい。コロナ禍でお茶出しが禁じられ、今はお茶の伝統は途絶えた(いずれ復活するのかもしれないが、お茶が出ない、ペットボトルや紙コップで出されるが普通のことになってしまうのかもしれない)。

寄席の進行は気が利く前座がいればスムーズに運ぶ。気が利く前座がいなくてもスムーズに運ぶ。それが楽屋仕事の伝統の力なのかもしれない。

寄席はいろんなことが起こる。それをケース・バイ・ケースで対応するのが、前座の仕事。それが出来て当たり前。落語家はそれを経ているから、客商売である落語家として成り立っている。

そうそう、こういう話もある。落語家を志願して師匠のところへ行くと、たいていの師匠は、「親を連れていらっしゃい」と言うのだそうだ。

「親は芸人になるのを反対しております」と言うと、

「二人の親を説得できない者が、寄席の百人、二百人のお客さんを納得させて笑わせることが出来るわけはない」と言われるという話を聞いた。

「つまんねえぞ」みたいな暴言を吐く客もいるかもしれない。暴言吐いても客だ。そういう客がいいいとは言わない。でもいないわけじゃない。「心が折れないための修業」とはそれを言うのだろう。

ハラスメントや、まして暴力がいいとは言わない。改善はされてゆくと思う。

少なくとも落語協会は相談窓口を開設した。それこそ、ケース・バイ・ケースに対応してゆくのだろう。

歌舞伎や邦楽、浪曲はお家芸や得意ネタは弟子はもとより、他の一門の人には門外不出である。弟子で選ばれた者は秘伝として教えてもらえたり、付き人をやって雑用をやりながら見ていて覚えて、師匠が死んでからその芸をやるのが普通だ。

落語は違う。他の一門の弟子でもお願いに行けば教えてくれる。昔からある門外不出のネタがないとは言わないが、今はほぼない。新作の場合、作者の著作権があるが、それも作者に断われば問題ない。作者も余程おかしな奴でない限り否とは言わない。大勢の演者がやったほうが、二次使用料の金額が増えるからだ。

作者は二次使用料(41)が入るが、落語家は無料で教えてくれる。「子ほめ」は五万円、「らくだ」は五十万円、なんていうことはない。これはスゴイことだと思う。

五　落語をやってこその落語家

落語家の皆さんは、なんで落語家になったのか。

誰かに「なってくれ」と頼まれたわけでもなく、落語家になった。

師匠の芸に惚れこんで落語家になった人もいると思う。

ただなんとなく落語が面白そうでなっちゃった人もいるかもしれないし、いろんな仕事に就いたがうまくゆかなくて、喋るのは得意だから落語家になった、なんていう人もいるかもしれない。

そんな人はそんなにはいないんだ。皆、落語が大好きで、落語家になったんだ。

落語が好きなら、聞いてるだけでもいいけれども、やっぱりやってみたかったんだ。喋るのもうまいし、人を楽しませる才にも恵まれて、落語家になったんだと思う。


お前はなんで落語家にならなかったのか。

うーん、落語は好きだった。喋るのも好きだし、声もでかい。多分、「演技をする」ということに向かないことに気付いた。別人格の何かになって、その別人格として言葉を発することが得意でない。声を変えて、なんか科白を言うのは、実は案外うまい。でも、演劇とか落語をうまく演じる、演じるというよりも、スタニスラフスキーシステムみたいなやり方、五代目柳家小さんの言う「狸の了見」になる、そういうのは自分には出来ないと思ったから、俳優にも落語家にもならなかった、演技者の道は捨てた。

でも他の人たち、落語家になった人たちはそれを捨てずになった。

その目的は何かと言えば、落語やってお客さんに喜んでもらうことなんだと思う。だから、稽古するし、厳しい修業にも耐える。芸を工夫する。

今日のお客さんは、あんまり難しい噺は聞きたくないんじゃないかと思ったら、バカバカしくてわかりやすい噺をやる。しんみりした話を聞きたいんじゃないかと思えば人情噺をやる。寄席では他の落語家とネタがつかないようにしたり（類似した落語はやってはいけない）、時間調整で長いネタ短いネタをやらなければならない時もある。

自分がやりたい話をやっているわけでもない。

一方、お客さんに楽しんでもらうために、落語家が心持よく落語が出来るように、そういう配慮をまわりの人間はしなくちゃいけない、というのもある。

ＬＧＢＴＱ問題で、海外のメディアに、日本は古い伝統に縛られていると書かれたりしている。現代は、伝統の中でハラスメントが許されるのか否かではなく、ハラスメントを許す伝統が悪い、に話がすり変わりそうで怖くもある。

番外　師匠と私

師匠は大学教授

映画でもテレビでもいいや。「白い巨塔」って見たことあります？

大学病院で、教授の回診。おじいちゃんの教授のあとを、助教授、講師、研究医やインターンがぞろぞろ行列して回診をするシーン。あれ、何も医学部だけの話じゃない。大学って結構似たり寄ったりなところがある。

まぁ、文学部で回診はしないけれど、教授がいて、そこにある程度の人事権があり、誰かが辞めると、論文の是非よりも、教授への「よいしょ」で後釜になれたりする。

そんなのばかりではないかもしれないが、「白い巨塔」ほどではないけれど、そんなこともあったりはするのが大学だ。

筆者の師匠の永井啓夫は、そういうのが嫌いだったと聞いた。だから、大学の中には弟子を持たなかった。

一人、長唄で博士号をとった女性が弟子分みたいなかたちで大学にいたのと、もう一人、市井の芸能研究家で、大道芸や放浪芸の第一人者がいるくらい。彼に関しては、小沢昭一が大道芸研究の後継者であるとも宣言していた。あと何人かは弟子を名乗っている人もいたかもしれないが、私が知る限り正式な弟子はその二人。弟子になりたい研究者はずいぶんいた。偏屈だけれど、研究者としてはスゴイ人だったし、江戸文学から、江戸の芸能や暮らしを見ていたから、なんか聞けば教えてくれたんで、芸人にも慕われていた。

筆者が弟子を名乗っているのも、大学の関係者からはあまりいい顔はされていなかった。たまたま、日本大学生産工学部の教授と知り合いで、生産工学部と習志野市によるオープンカレッジ(42)の講師をやった時も、プロフィールに永井啓夫門下と書こうとしたら、教授から「ちょっとまずいかもしれない」と言われて、削除した。しかし、その数年後、永井啓夫の「稲田を頼む」という遺言みたいなものがあり、日大本部のオープンカレッジで講師を数年間やったりしているから、まぁ、別に問題はなかったんだろう。研究者でないから例外だったのかもしれない。

師匠、永井啓夫に関して。
永井啓夫《ながいひろお》　芸能研究家、近世文学研究家。日本大学文理学部教授(国文学)、日本大学芸術学部教授(演劇史、戯曲創作、民俗芸能ほか)、北京市中国戯曲学院客員教授。一九二七〜二〇〇六年、東

京生まれ。正岡容門下。日本大学に勤務。東京やなぎ句会[43]同人で、俳号は「余沙《よさ》」[44]。主な著書『三遊亭円朝』(青蛙房)、『日本芸能行方不明』(新しい芸能研究室)など、共編著『芸双書』(白水社)、『古典落語体系』(三一書房)など、舞踊作品、新内「広重八景」「八笑人《はっしょうじん》」、長唄「寄席」など。

筆者が師匠と知り合ったのは、筆者が日本大学の学生で、必修科目の「日本演劇史」を受講したから。

一時限目の授業で、「日本芸能の原典はストリップ」だと言って、アメノウズメ[45]の話をしたんで、少しぶっ飛んだ。

あっ、いまもこのネタは大学の「芸術学」の一時限目で使わせてもらっている。これはもうネタの継承ということでいいんじゃないか。

でもこれに感化されたのは筆者だけではない。一年先輩の二代目一条さゆりはこの授業の影響を受けてストリッパーになった。

大学を卒業するくらいの頃、なんとなく台本作家になりたいと思っていた時に、永井啓夫から「木馬亭に行って浪曲を聞いて来なさい」と言われた。

それから何年かした時に、「何年も木馬亭に行って、ぼんやり浪曲聞いて喜んでいたら駄目だよ。台本を書かないでどうするんだ。なんのために木馬亭に行けと言ったと思っているんだ」と怒られた。

あー、そうだ、台本を書かないと。

なんで永井啓夫は浪曲の台本を書けなんて言ったんだろう。

のちになって、大西信行も言っていた。

「正岡の愛した浪曲を残したいから、俺は金にもならないのに浪曲の台本を書いている」

正岡の愛した浪曲。永井啓夫も大西信行も、それから小沢昭一も、正岡容の弟子だ。

正岡容に関しては、あとで記す。

落語をネタにしたお洒落なエッセイ

なんで台本作家が大学教授の弟子なんだ？

大学時代は落語が好きだった。

ＴＢＳでやっている「落語研究会」、当時は圓生、八代目正蔵、五代目小さん、十代目馬生、志ん朝、談志、五代目圓楽らが出ていた。このプログラムに永井啓夫が解説を書いていた。

その日の演題の中から一席をチョイスし、落語の沿革の説明をユーモラスなエッセイ風に綴っていた。あーいうのを書きたいなぁ、と思って、文体とか真似していた。そんなこんなで、この先生は落語に詳しい人だと思って、いろいろ教えを乞いに行ったりしていた。

二十代の頃、「君が永井先生の弟子なわけないじゃないか」とよく言われていたが、よくある話で、バカな子ほどカワイイじゃないが、案外いろいろ気に掛けてもらっていた。

それで「木馬亭に行きなさい」になったし、オープンカレッジの講師にもなれた。

実は殴る教師で、怒る教師

これ演芸の世界の人は誰も信用しない。もの静かな学者さんだからね。だけど、同年代の日大の演劇科卒の人は「うん、そう言えば、怖い先生いたね」となる。

遅刻してきた学生を出席簿でポカリはよくあった。で、そのあと、芸能界では遅刻は絶対に許されない、歌舞伎だったら、出演者と裏方全員に蕎麦をご馳走するのが慣わし、というエピソードをちゃんと教えてくれる。確かに、舞台に遅刻したら穴があくからね、ある意味、いい先生だったのかもしれない。

筆者は殴られたり、怒鳴られたりはしていない。むしろ、小さな声で「そういう気の利かないことでは駄目ですね」、こっちのほうが怖いんだよね。


授業中にくっちゃべっていた学生の出席カード取り上げて「出て行け！」もあった。その学生は四年生で、必修科目。落としたら卒業出来ないから、出て行かねえんだ。黙って下向いているのを、

「出て行けって言ってるんだ！」

で、あとで筆者が怒られる。

小さな声でポツリと。

「台本書く人間が、こういう時に気が利く科白が出て来ないで、どうするんだ」

おいおい、スゲエもらい火事なんだが。

師匠の師匠、正岡容のこと

正岡容に憧れている人は多い。

「僕は正岡の孫弟子になりたくて、都築道夫の弟子になった」と、漫画家の高信太郎は言っていた。高信太郎には「孫弟子同士だね」と言われて、手紙もらったりした。故・平岡正明も正岡容に憧れていた。平岡正明とは、新内[46]を通じて、親しくしてもらった。

正岡容、何者なんだ?

正岡容《まさおかいるる》　一九〇四～一九五八年。東京神田の生まれ。自身では下谷練塀小路[47]の河内山宗俊[48]の家(現在の秋葉原中央改札出て左)で生まれたと言っていた。小説家、芸能研究家。小説代表作、『円太郎馬車』『浪花節更沙』『マリアの奇跡』『円朝花火』など、落語「お婆さん三代姿」「どじょう風流」など、浪曲「天保水滸伝」「灰神楽三太郎」など、随筆、評論多数。没後まとめられた著書に『日本浪曲史』がある。寄席と酒と女性と猫をこよなく愛した。門下に、桂米朝、小沢昭一、大西信行、永井啓夫らがいる。

若い頃から、芥川龍之介や永井荷風に認められた。作家として人気者になり、大阪へ行き吉本興業に所属し文士落語家になっていた時期もある。東京に戻り、修業をやり直し、作家、芸能研究家として活躍。四番目の奥さんの舞踊家、花園歌子とは美男美女カップルで雑誌などに載ったりもしていた。

安藤鶴夫(49)が自分の決めた芸の規範にそって評論をし、人気者でも三代目金馬や三代目柳好を否定していたのと違い、正岡は古典でも新作でも面白ければ声を上げて笑っていたという。

無頼作家とか、そういうイメージもあって、高信太郎や平岡正明の世代の人たちで、憧れている人はかなり多かった。ただ、結構勘違いして憧れているバカも多くて、酒飲んでそういうバカに絡まれて、「お前、正岡容を知っているか」「はい。孫弟子です」「嘘をつけ」と殴られたことが二度くらいはあった。

拳骨世代の奴らはたいてい嫌いだ。

永井啓夫に言われて、正岡容の「三十三回忌」(イイノホール)と「三十七回忌」(東邦生命ホール)のイベントは手伝いに行った。

「三十三回忌」の時は、小沢昭一が正岡のことを書いた大西の本(50)を朗読したが、舞台に釈台を置いて朗読したいと言い、ホールに釈台がなかったので、筆者が木馬亭で借りて来てホールまで運ぶのが役だった。一番下っ端らしい役だね。

四年たって「三十七回忌」の時も下働きだが、受付の責任者と、法事の会食の手配と仕事が増えた。

なんで永井啓夫が正岡容のところに弟子入りしたのかは聞いていない。大西や小沢は、面白いから行こうと、加藤武[51]も連れて、珍獣でも見に行くノリで正岡の家に行ったらしい。

永井啓夫は正岡容のお供で講演会には行っていた時期がある。袴のたたみ方がわからず、落語家の前座がたたんでくれたのは口惜しい思いをしたらしい（永井啓夫が授業で語っていた）。

小沢、大西、加藤、永井は、酒は飲まない。なんで大酒飲みの師匠のところに入ったんだ。彼らが正岡容のところに行った頃はまだ若く、酒の味を知らなかった。大西の話によると、年輩の弟子の中には大酒飲みもいて、正岡と酒を囲んでいたが、酔っ払ってグズグズになったり、師弟で喧嘩になったりするのを見ていたという。ある意味、酒は反面教師だったのかもしれない。

そういうところも含めて、皆、正岡が大好きだった。

その正岡が、自分が尊敬していた芥川や永井荷風、泉鏡花や久保田万太郎ら文学者がこぞって、蛇蝎のように毛嫌いした浪曲を、木村重松[52]の「新蔵兄弟[53]」を聞いて感動したことで、以後、こよなく愛し、二代目玉川勝太郎に「天保水滸伝」を書き、浪花節のルーツを研究し、時に酔っ払って「ピストル強盗清水の定吉[54]」を唸ったという。それが、正岡の愛した浪曲で、大西や永井や小沢も、皆、浪曲に心を砕いていた。

他の選択肢はなかったのか

台本作家になるのに、研究者の弟子になるというのはなんのメリットもない。他の師匠に入門する選択肢はなかったのか。

うーん、大西には初対面で怒られたしね。芝の弟子になる気はまったくなかった。それこそ、なんのメリットもない。

シナリオ教室に半年ほど通っていたので、そこの先生に弟子入りするというのは考えないではなかったが、半年で辞めたのもメリットを感じなかったからだろう。生徒と弟子では教えてもらえることも違ったろうし、それなりに雑用をやったり、怒られたりもして、そこから学ぶものは多いのかもしれないが、なんか違ったんだろう。

浪曲作家の室町京之介が弟子を募集していた。これは、ちょっとは考えた。

芝には「お前に務まるわけがない」と鼻で笑われた。厳しい先生であるということは噂では聞いていたが、鼻で笑われたのでかなり口惜しかったから行こうかと思ったが、結局行かなかった。

理由の一つは、室町の家が戸田で遠かったのと、もうひとつは、やはり尊敬できる先生ではなかったことだろう。まぁ、その頃は筆者が浪曲をよくわかっていなかっただけかもしれない。

室町の作品だと、長谷川伸の「瞼の母」を脚色したものとかを聞いたが、長谷川伸のいい科白をぶった切って、お涙路線にリライトした変な台本だと思った。今にして思えば、演劇と浪曲は違うわけで、節と科白で短い時間で感動させる、そういう脚色なんだけれど、当時はそうは思わなかったんだね。そうこうしているうちに、室町は死んじゃった。

のちに豊芸プロダクションの小沢から、室町の酒癖の悪さとか聞いて、行かなくてよかったと思う反面、短い時間でも浪曲作家の生きざまを見られなかったことは、ちょっと残念に思っている。

でもまぁ、浪曲を書くのでも、落語を書くのでも、師匠のやり方みたいなものを引き摺らずに書いているのは、案外いいのかもしれない。

何を書くんでも「怖いモノ知らず」とはよく言われる。落語を書いて、浪曲を書いて、いろいろ失敗をして、なんかこういう書き方でいいんじゃないかと学んだ。

「浪曲書けるんだから、長唄も書けるでしょう」と、ある評論家に言われて、「書けると思います」と安請け合いして長唄を書き、なら新内も書けるだろうと書き、琵琶の作詞もし、毎回毎回、「怖いモノ知らず」と言われた。

言うのは評論家と、そのジャンルの古典をやっている芸人から言われるんだ。だから、ちっとも気にしなかった。大西や大野桂や遠藤佳三……親しくしてもらった台本作家には言われたことはない。皆、多分、怖いモノ知らずで台本を書いて来たからだろう。

同じように喜劇の脚本を書き、三年前に小説を書いた。小説は絶対に書けないと思っていた。およそ文学には縁がないと思っていたが、編集者から、「稲田さんの文章はサクサク読めて面白い、この文体で小説書いてみたらどうですか」と言われたのがきっかけで書いた。別の編集者からは「新人デビューのレベルではない。小説舐めるんじゃない」とも言われたが、悩んでいたら、何も書けないいんだよ。

基本を知らないとか、ずいぶん言われたし、今もたまに言われるが、知らないから、テクニックに頼らず書けるというのもある。その意味では、「書く」ということについて特に教わっていないのが、マイナスでもあり、役にも立っている。

引き回し

修業というのはしていない。ちゃんとした弟子というわけではない。

ただ演芸の世界に身を置くと、「お前は誰の弟子だ」と、たまに言われる。そんな時に、「永井啓夫の弟子です」と言ってもいいとは言われていた。大学の中では弟子はいないことになっているが、演芸の世界では別に問題はなかったのだろう。

ちなみに、「お前は誰の弟子だ」と言われるのはしくじりをした時で、「永井の弟子です」と言ったら師匠が恥をかくということになる。

年始の挨拶には何度か行った。落語家が何人か来ていた。でも、奥さんがいろいろ大変なんで、何回か行ってその後は遠慮した。

いろいろと薫陶は与えてもらったと思っている。感謝している。

あと、やはり人脈だよね。お供で行って、いろんなところに引き回してもらい、いろんな方と引き合わせていただいた。

「木馬亭に行きなさい」と言われたことは大きい。あれがなかったら、浪曲の台本は書いていなかった。

ただ、とんちんかんなこともあった。

ある時、「琵琶の台本を書きなさい」と言われて、薩摩琵琶[55]の演奏家を紹介してくれた。

だが、よくよく話を聞いてみると、琵琶の新作曲っていうのは、それこそ、武満徹と鶴田錦史の「ノベンバーステップス」みたいな、いわゆる邦楽器を使った現代音楽みたいなジャンルになっていて、歌が入らないのがその頃の主流だった。それに紹介していただいた演奏家は古典曲を一生懸命やっている方で、永井啓夫に言われたから来たけれど、そんなに新作には興味はなかったようだった。

筆者もその薩摩琵琶の演奏家もいい迷惑ではあったわけだが、筆者はその後、二〇〇〇年に薩摩琵琶演奏家の中川鶴女[56]と会い、稲田の数少ない名作といわれている「善知鳥《うとう》」[57]を作詞する。中川が亡くなり、「善知鳥」を知る人も少なくなったが、他人に高評価された数少ない作品の一つだ。うちに楽譜あるから、やりたい人がいたら、やって欲しいと思う。

琵琶の作詞が出来たのは、その数年前に、永井啓夫からの啓示があってのことだと、今にしては思う。

残念なのは「善知鳥」の公演の時は、永井啓夫は病床にあり、聞いてはもらえなかった。高評価の評論が専門誌に載ったから、もし読んでくれていたら、しめしめ、と思ったかもしれない。

岡本文弥と中国

新内の岡本文弥(58)との関わりも永井啓夫だ。

岡本文弥は花園歌子の舞踊の語りをよくやっていて、正岡の作詞による舞踊曲も手掛けていた。そんな縁で、永井啓夫は岡本派と親しくしていた。

文弥九十七歳の時の「中国曲芸鑑賞団」に参加した。中国で曲芸というのは、音曲芸のこと。文弥は中国の蘇州で語られている評弾という琵琶と三線で演奏する曲芸が大好きで、これを日本の芸能評論家たちに聞かせたいと、毎年、ツアーを募って中国に行っていた。

「中国曲芸鑑賞団」では、平井澄子、戸板康二、吉川英史、郡司正勝、降矢美弥子……亡くなった方々ばかりだが、日本の芸能研究の第一人者の先生方とお話出来たのも、永井啓夫のおかげである。

次の年も参加し、その次の年、文弥九十九歳の時には、中国政府からの招待を受けた。随行員も八人だけ。なんでそこに筆者が入っているのかよくわからないが、酒飲みが二人くらいしかいないので、中国の曲芸家や要人との宴席盛り上げ要員としての随行だったらしい。筆者もそんなに酒は強くないが、まったく飲まない永井啓夫から見ると、かなりの大酒飲みになるようだ。

文弥の縁で、門下の岡本宮之助(59)とは今でも親交がある。

新内を何席か書いているが、新内の書き方なんて、誰に習ったわけではない。文弥の自作に学び、あとは永井の「広重八景」と「八笑人」を参考にした。「お絹心中」という新内を書いたのを評論でベタ褒めしてくれたのが平岡正明。評論家にあそこまで褒められた作品は他にない。

新内は岡本だけでなく、如月派の家元、鶴賀喜代寿(60)にも「落語八景」を書いているが、この時は、喜代寿の台本を大西信行が多く手掛けていたため、かなり丁寧なご指導を受けた。なんだろう、台本の書き方を一から教わったのは、あとにも先にもこの時だけだったかもしれない。ある意味、作家が弟子でもない奴にあそこまで手の内を見せるのか。ぜんぜん小モノだから相手にされていないだけか、喜代寿にいい作品をやらせたいからなのか。

おかげで、数年前、日本橋劇場で行われた舞踊会で、「広重八景」と「落語八景」が並んだ。いまのところ唯一の師弟競演である。

岡本文弥が亡くなり数年したある日、永井啓夫から「中国曲芸鑑賞団」を再開したいと言われた。この頃、永井は日本大学を定年退職し、中国戯曲学院の客員教授となり、年数回、北京で講義をしていた。だから、北京に行くついでに、かつて文弥と辿った曲芸の旅を再開したいと考えていたようだ。

「梁山泊に登れるなら行ってもいいです」と思わず言った。

梁山泊は「水滸伝」の舞台で一度は行ってみたいところではあったが、山東省のかなり不便なところにある。何せ中国は広いから。

そしたら、行くことにすんなり決まった。これも貴重な経験をさせていただいた。九七年のことだ。

それにしてもワガママな弟子だね。人の通わぬ荒野の果てに、師匠やその知人の偉い人たちを連れて行っちゃった。

行ったら、次の年、中国の要人から馬街というところの野外曲芸フェスティバルに来ませんかと誘われ、また、山東の荒野へ行くことになった。その年は電影で、ようするに中国の大河ドラマで「水滸伝」放送していたので、ずいぶん「水滸伝」の評弾を聞けたので、勉強になった。中国人の通訳と「水滸伝」話でやたら盛り上がった。

その旅の最後の頃、永井が少し体調を崩し、また、一行の団長を務めてくれていた方が病に倒れた。中国の要人との会食の時、しょうがないから筆者が顧問代行で挨拶をしていた。

その翌年は内モンゴルに行くと言い出したので、さすがにこれは遠慮した。

筆者が行かなかったので、同級生で、今は美濃市で美濃和紙の里会館の館長をやっている船戸友数が同行したのだが、その頃から永井の病状が悪化、旅の間中、船戸が面倒を見ることになった。

船戸には迷惑を掛けた。

考えてみたら、これが最後の師匠孝行になったろうに。酷い弟子だね。

師匠の演芸交遊と伯圓忌

永井啓夫と親しかった芸人は何人かいる。

正岡容の縁で、岡本文弥や八代目林家正蔵とは親しくしていた。

十代目金原亭馬生とも親しかった。『日本芸能行方不明』によると、馬生が「大坂屋花鳥」というネタを口演したのは永井のすすめによる。

永井啓夫とは直接関係ないが、筆者は馬生門下のむかし家今松とは親しくしていただいている。今松は「大坂屋花鳥」も演じるし、そのもとネタである「島衛沖白波」の口演を試みている。佐原の喜三郎という侠客が八丈島から島抜けをするという噺で、二〇〇八年に、今松の会の有志と八丈島まで取材に行っている。何かの縁なのかと、思う。

永井啓夫の趣味の一つに、昔の芸人の墓探し、というのがある。

寛政十年に下谷神社で寄席興行をはじめた初代三笑亭可楽の墓を今戸で発見した。この時は小島貞二らの協力で、「可楽まつり」を実施した。

そのずっと前、二代目松林伯圓の墓を、日暮里の南泉寺で発見している。

伯圓は幕末から明治に活躍した講談師。「ねずみ小僧」や「天保六花撰」の作者としても知られている。落語の圓朝と並ぶ、講談の名人だ。

この墓を発見した時に、これは講談界として何かやらなければいけないと考えた永井は、近所に住んで同年代で親しくしていた六代目宝井馬琴(当時・琴鶴)に相談をした。

だが、当時、講談界は分裂の最中、馬琴もまだ若手だった。そこで馬琴が呼び掛けて、伯圓顕彰会を作り、はじめたのが「伯圓忌」である。むしろ協会が主軸でやらなかったことで、両協会の講談師が集える場所になって、かえってよかったみたいだ。

筆者は二十代の頃に「伯圓忌」に行っているが、五代目馬琴と二代目山陽が火鉢を囲んでいたのを遠目に見ている。

その頃の「伯圓忌」は五代目馬琴や芦州、貞丈、二代目山陽らがいて、一般のお客さんはいず、琴柳や琴星がこまめに働いていて、筆者が行っても座る場所すらない。といって、立ってるわけにもゆかず、居場所がないとはあのことで、それから十年くらいは行かなかった。

「伯圓忌」は二月、「圓朝忌」は八月、講談は寒く、落語は暑い。筆者は暑さ寒さは得意ではなく、あれは九〇年代の中頃だ、とうとう永井啓夫に怒られた。

「落語や講談の新作書いている者が、圓朝忌や伯圓忌に来ないとはけしからん」

もの静かに言われた。

「伯圓忌」に行くと、その頃は一般のお客さんも大勢来ていた。

「伯圓忌」がきっかけだと思う。六代目馬琴や八代目貞山とお話する機会を得た。ある時、「伯圓忌」に永井が来られないことがあった。その日、伯圓の墓所へ行ったら、梅の木に短冊が下がっていた。前日か早朝に永井が来て、俳句を詠んで下げて行ったのだ。「伯圓忌」は馬琴が亡くなる少し前に、馬琴が幕を下ろした。冬になると「伯圓忌」に想いが強かった永井のことを思い出す。

薬研不動院[61]に建つ、講談発祥の地の碑の建立も馬琴の尽力によるものだが、この碑にも永井啓夫の名が刻まれている。ここでは年末に、張り扇供養が行われている。

浪曲、講談、落語、新内、長唄、琵琶……、全部、どこかで永井啓夫と繋がっている。大学を定年退職したすぐあとに、「二代目正岡容を継ごうと思っている」と、どこまでマジなのか洒落なのか、わからないようなことを言っていた。あれはなんだったんだろう。

永井が亡くなった時、その死を誰にも知らせなかった。筆者も知らなかった。一月くらいした頃、「永井先生は亡くなったのか」という問い合わせが何件かうちに来た。奥様に電話をしたら、亡くなってない、と言う。だが、すでに亡くなっていた。

さらに何件か問い合わせがあり、もう一度電話したら、「実は……」と話しはじめた。武田信玄か。

偏屈で強情なところがあった。

やなぎ句会で講演に大分に行った時、宿屋の隣に長い階段の寺があった。永六輔が「この階段は山の上まで続いているのか、少し登れば寺があるのか」と聞いたら、永井は「少し登れば寺があります」と言ったので、永は食事の前に登って行ったら、行けども行けども寺はなく、山頂まで一時間くらい歩いたという。

戻って来て文句を言った永に、「あー、そうでしたか」としか言わなかった(永がラジオで言っていた話)。

似たようなことは何度か筆者も経験している。

大学の中で派閥を作らなかったことも、金魚のウンコみたいにくっついてこなくても、教えることはちゃんと教えてやるよ、という研究者、教育者としての信念みたいなものがあったのだろう。

亡くなったことを知らせなかったことも、なんとなくわかる気がする。

もうそんなことはどうでもよかった。

知らなかったことで、揶揄する人もいたが、そんな時、

「そういうライフスタイルの人だったんだよ」

と言ってくれたのは、馬琴だった。ちょっとだけ心が和んだ。ありがたかった。

註

(1)落語協会　落語家の五つある団体の一つ。一般社団法人で、真打二一五名、二ツ目六十三名、前座二十五名、講談三名、色物五十三組、お囃子十六名による(二〇二三年二月)、落語界最大組織。他の四団体は、公益社団法人落語芸術協会、五代目圓楽一門、立川流、公益社団法人上方落語協会。

(2)実験落語　三遊亭圓丈らが七〇年代後半～八〇年代半ばまで、渋谷のジァンジァンで開催していた新作落語の会、およびその活動。古典落語やこれまでの新作落語を否定し、落語家の作家性を前面に打ち出した新作落語で、落語界に一石を投じた。夢月亭清麿、柳家小ゑん、立川談之助らが中心メンバー。

(3)ブークの新作落語の会　三遊亭圓丈が新作派の精鋭、若手を集め、新宿の人形劇場、ブークで年二回(正月とお盆)に開催している新作落語の会。圓丈没後も夢月亭清麿らが中心となり継続。

(4)三遊亭はらしょう　フリーの落語家で放送作家。三遊亭圓丈に入門したが、落語協会は退会、圓丈より「三遊亭はらしょう」の芸名を名乗ることは許されている。実話を落語形式で語る「ドキュメンタリー落語」で、練馬・ココネリなどで活動。

(5)笑福亭羽光　公益社団法人落語芸術協会所属の真打。笑福亭鶴光門下。自身の青春譚を描いた「私小説落語」で注目、他にも「はてなの茶碗」など古典落語や、作家による新作落語なども多く口演。

(6)広瀬和生　演芸、音楽などを中心に活動している評論家。多くの落語会のプロデュースにも関わり、落語家から信頼が篤いそうだが、会ったことはないので、よくは知らない。

(7)演芸評論家　落語、漫才、講談、浪曲、奇術、太神楽など寄席演芸の評論、解説、紹介などを、新聞、雑誌、書籍、テレビ、ラジオ、インターネットなどで表現する主に文筆家。新聞記者や研究者にこの肩書を名乗っている人が多いが、資格などはいらないため、誰でも名乗れる。筆者も時おり、この肩書を用いている。参考文献『大人の落語評論』彩流社。

(8)野暮　粋でないこと。融通のきかないこと。風雅を理解しないこと。洗練されていないこと。野暮天。国立にある谷保天満宮が十月に目白で開帳を行ったのを、蜀山人が「神ならば出雲国に行くべきに目白で開帳やぼのてんじん」と狂歌に詠んだことに由来。

(9)廓噺　主に吉原を舞台とした、遊女と客との駆け引きをモチーフにした落語。「明烏」「三枚起床」「お見立て」などがある。品川を舞台とした「品川心中」「居残り佐平次」、新宿を舞台にした「文違い」なども廓噺と呼ばれる。

(10)修羅場　講談で演じる戦闘などの場面。「三方ヶ原軍記」「川中島軍記」など。神田派では「ひらば」と読む。

(11)義士伝　一七〇三年に起った赤穂浪士四十七名による吉良義央の屋敷への襲撃、殺害事件を扱う物語。赤穂浪士を「義士」と讃えた。メインストーリーを「本伝」、義士それぞれのエピソードを「銘々伝」、義士以外の協力者、家族、吉良方の登場人物などの物語を「外伝」という。「忠臣蔵」というのは歌舞伎の呼び方で、講談は「義士伝」という。

(12)世話もの　歌舞伎、浄瑠璃、講談などで、江戸時代の町人の生活を描いたもの。人情などがテーマとなる。

(13)釈場　講談を専門に上演する劇場。二〇一一年、本牧亭の閉館で、現在、釈場はない。

(14)木馬亭　根岸興行部が経営する浅草で老舗の寄席。一日～七日は浪曲が定席公演を行っているほか、浪曲師や講談師による公演が多く行われている。また、月半ばには、浅草喜劇の劇団「浅草21世紀」の公演もある。

(15)松竹演芸場　昭和時代に浅草にあった喜劇と演芸の寄席。松竹が経営。昭和四十年代は、デン助や、コントブームで人気だった。一九八三年、閉館。現在は商業施設のROXが建つ。

(16)音曲師　三味線を弾き、俗曲などを唄う寄席芸人。昔は唄入りの落語(音曲噺)なども口演した。

(17)歌川国芳　江戸後期から幕末に活躍した絵師。またの名を一勇斎国芳。武者絵や、猫をモチーフにした戯画などで人気。

(18)谷中・全生庵　台東区三崎《さんさき》にある寺院。山岡鉄舟が建立。鉄舟や三遊亭圓朝の墓所がある。圓朝の命日(八月十一日)には、落語協会による「圓朝忌」が行われている。

(19)黒門町　台東区東上野の旧地名。八代目桂文楽の家があったところに、落語協会の建物があり、三階では黒門亭が開催されている。

(20)びんぼう自慢　五代目古今亭志ん生の自伝は『なめくじ艦隊』と『びんぼう自慢』の二作がある。『びんぼう自慢』は小島貞二の聞き書きによる。また、『志ん生一代』は結城昌治による小説である。

(21)木頭　歌舞伎、大衆演劇、浪曲などの舞台で、幕の開閉時などに叩く拍子木のこと。

(22)大看板の先生　売れている芸人。一般的な真打は「看板」で、それよりも大きな看板が劇場に飾られる。

(23)脇の仕事　お座敷やメディアといった、寄席以外の仕事。

(24)後見　舞台の裏方。浪曲では、テーブル掛けを変えたり、幕引きや木頭といった、落語の寄席の前座仕事を担当する。

(25)侠客伝　やくざを主人公にした物語。「清水次郎長伝」「天保水滸伝」など。

(26)稲荷町　台東区上野の地名。八代目林家正蔵と九代目桂文治の住んでいた長屋があった。

(27)小沢昭一　俳優。映画、舞台で活躍。代表作、映画「痴人の愛」など、舞台「戯作者銘々伝」など。正岡容門下で、放浪芸の研究家としても知られている。
(28)小菅一夫　浪曲黄金時代を支えた浪曲作家。芸能全般に造詣が深く、芸術祭審査委員を永く務めていた。代表作「権太栗毛」など。
(29)室町京之介　浪曲黄金時代を支えた浪曲作家。二葉百合子「岸壁の母」の浪曲バージョンで知られている。坂野比呂志と大道芸の舞台にも立っていた。
(30)国際通りの「桃太郎」　浅草、国際通りにある和菓子屋。醤油の団子や大福がうまい。
(31)豊芸プロダクション　浪曲黄金時代の興行社、浪花家興行から分派した興行社。二代目広沢虎造や二葉百合子をマネージメント、浪曲や演歌のコンサートを広く手掛け、歌舞伎座の「浪曲大会」(一九六一〜九四)をプロデュースした。初代社長は浪花家興行創始者、木下勇次郎の三男、木下良夫、二代目社長が小沢利一、二〇〇七年解散。
(32)日本脚本家連盟　脚本家の協同組合。一九六六年設立、現在千五百人以上の脚本家が会員。
(33)市川俊夫　脚本家、コピーライター。大西信行門下で、瑞姫、東家孝太郎らに浪曲台本を多く執筆。大宮デン助のあと、松竹演芸場で喜劇の舞台に立っていた経験もある。
(34)涌井和夫　脚本家、紙芝居作家。昭和二十年代に紙芝居作家として活躍。晩年、大西信行に師事し、浪曲台本を手掛けた。代表作「蝶々夫人」「別れ涙の花舞台」など。
(35)応用落語　三遊亭圓丈が九〇年代に、池袋の文芸坐ル・ピリエで開催していた新作落語の会。メンバーは、当初は圓丈、小ゑん、白鳥(当時・にいがた)の三人だったが、この会から、柳家喬太郎、林家彦いち、神田茜らが育っていった。
(36)東京かわら版　寄席演芸の情報誌。都内、近郊の落語、浪曲、講談の会の情報を網羅。一九七四年創刊。現在、中央区月島に本社がある。
(37)楽日　千秋楽。興行の最後の日。
(38)LGBTQ　一応わからない人がいると困るので、Lはレズビアン(女性同性愛)、Gはゲイ(男性同性愛)、Bはバイ(どっちもOK、両刀使い)、Tはトランスレンジャー(心の中に別の性を抱えている)、Qはクエッション(自分がなんだかわからない)。
(39)クスグリ　笑いどころ。笑いを取るために言う科白。
(40)弥次喜多　江戸時代の戯作「東海道中膝栗毛」の主人公、弥次郎兵衛と喜多八。二人は男性同性愛の関係だが、弥次郎兵衛は妻帯もしていたし、東海道の道中では遊女と同衾したり、夜這いに行ったり、また二人でいちゃついたりと、やりたい放題、性を謳歌している。

(41)二次使用料　著作権料。新作演芸の作者は上演の度に少額ではあるが、主催者より二次使用料を受け取っている。寄席の場合は一括で日本脚本家連盟に支払われ、分配されている。

(42)オープンカレッジ　大学などの公開講座。一般の人が受講できる。

(43)東京やなぎ句会　文化人たちの句会。九代目入船亭扇橋を宗匠に、桂米朝、柳家小三治、江國滋、小沢昭一、大西信行、永六輔、永井啓夫、三田純市、矢野誠一らが創設メンバー。

(44)余沙　永井啓夫の俳号。与三郎からとった。

(45)アメノウズメの話　俗に言う岩戸神楽。太陽の神、アマテラスが岩戸に隠れたので、世の中は闇に閉ざされた。アメノウズメという女神が衣服を脱いで踊ったので、神々は「やんや」の喝采。何事かとのぞき見たアマテラスを引きずり出したので、世の中は光をとりもどした。アメノウズメの踊りが日本芸能のはじまりである。

(46)新内　江戸浄瑠璃。豊後節よりわかれた。江戸時代に鶴賀新内という美声の語り手がいたところから「新内」と呼ばれた。常磐津や清元のように歌舞伎と密接にならず、市井の芸能として発展した。主に遊里の哀切を語る。

(47)下谷練塀小路　現在の秋葉原の中央改札口出て左のマクドナルドのあたり。河竹黙阿弥・作「天衣紛上野初花《くもにまごううえののはつはな》」の「練塀小路に隠れのねえ」という科白で、河内山宗俊の家が下谷練塀小路にあったことが知られている。

(48)河内山宗俊　講談「天保六花撰」の主人公。お数寄屋坊主(江戸城の茶坊主)という微禄の御家人だが、豪胆な人物で、大名を強請り、痛快な啖呵を聞かせた。歌舞伎「天衣紛上野初花」でも主人公として活躍、映画やテレビドラマでも描かれた。史実では河内山宗春。水戸藩を強請り毒殺された。港区青山高徳寺に墓所がある。

(49)安藤鶴夫　演芸評論家、小説家。自らの芸の規範を持ち、七代目三笑亭可楽、八代目桂文楽、三代目桂三木助らの芸を愛し、芸の規範に反する芸人に対しては厳しく批判、あるいは無視した。三越落語会を企画し運営、ホール落語を定着させ、また、「古典落語」という言葉を一般化させ、落語の地位向上を計った。小説『巷談本牧亭』で直木賞受賞。

(50)正岡のことを書いた大西の本　『正岡容　この不思議な人』(文藝春秋)

(51)加藤武　俳優。文学座所属。文学座「牡丹灯籠」の圓朝役や、映画「金田一耕助シリーズ」の警部役でおなじみ。

(52)木村重松　浪曲師。正岡容は重松の浪曲を愛し「ある夜半の佃通いの汽笛の音か、君が嗚咽か木村重松」と詩に詠んでいる。「慶安太平記」などを得意にした。

(53)新蔵兄弟　浪曲、講談の侠客伝。下谷山崎町に住む、初蔵、新蔵の兄弟の侠客の活躍を描く。

(54)ピストル強盗清水の定吉　浪曲の演題。明治時代に実際に起った事件をもとに作られた。定吉は拳銃を手に八十件以上の強盗を行い、五人を殺害した。一八八六年に逮捕されたが、定吉を捕らえた小川巡査は撃たれて殉職。中央区久松警察署前に、小川警部補(二階級特進)の石碑が建っている。昔の浪曲は実際の事件を題材にした作品も多く作られている。

(55)薩摩琵琶　鹿児島に伝わる琵琶の系譜。江戸時代、江戸や関西では三味線が流行し琵琶はすたれたが、薩摩では武士の教養の一環として受け継がれていた。「平家物語」など鎌倉時代の合戦における武士の心構えを教養とし、迫力のある演奏による鼓舞を目的にしていた。幕末に薩摩の町人にも流行し、明治維新で薩摩藩士たちが政府の官吏などになり東京へ来たために、明治以降、東京でも琵琶が流行した。

(56)中川鶴女　薩摩琵琶鶴田流演奏家。鶴田錦史門下。文化庁芸術祭新人賞などを受賞し活躍していたが、二〇〇七年に亡くなった。

(57)善知鳥　能楽作品「善知鳥」を琵琶曲に作詞した稲田作品。中川鶴女の委嘱で、中川の作曲、馬場鶴生の作調による。

(58)岡本文弥　新内演奏家。明治時代に途絶えた岡本派を再興。古曲の発掘、演奏、新作の創作などで活躍。戦前は「西部戦線異状なし」などの新作で「赤い新内」と呼ばれた。一九九六年、百一歳で亡くなったが、文弥が長生きしたことで、江戸や明治の新内が直接現代に継承された意味は大きい。

(59)岡本宮之助　新内演奏家。四代目岡本宮染の孫に当たる。五代目岡本宮染門下。現在、岡本派を率いる。

(60)鶴賀喜代寿　新内演奏家。如月派家元。自作「応挙の幽霊」はじめ、大西信行・作詞「悋気の火の玉」などを手掛けている。

(61)薬研堀不動院　中央区東日本橋にある寺院。

あとがき

元・天歌の件は現在係争中であるとともに、元・天歌による落語協会への要求も、いまだ有効な回答を得ないままのようだ。

しかも、落語協会は折角作ったハラスメント相談窓口を、「よろず相談窓口」と改名したらしい（二〇二三年二月現在）。少しでもハラスメントという悪いイメージを回避するのが狙いなのかもしれないが、どうなんだろうか。

こういうことで言葉遊びや、言った言わないに論争をすり替えたり、あげ足とったりすることは、決してよいことではない。

「伝統」「師弟」「修業」などの捉え方も、それぞれの立場で違ったりもする。

「伝統」は守り受け継ぐものだと思っていた。学校教育の現場でも「守り受け継ぐもの」と教える。一方、国際社会においては、「現代的な考えを阻む悪しき風習」のような捉え方をされていることを、改めて知った。

この件、関係者は語り難いことだと思う。

一方、関係ない私のような人間が好き勝手に言うことではないというのはわかる。修業をしてない。何がわかるのか。

ただ、問題が社会的に広がっている現在、いろんな人がこの件について発言し出した。徐々に演芸関係者もコメントしてくると同時に、ハラスメントへの問題提議から、今後は一般メディアの報道もあると思われる。

しかし、相変わらず、いわゆる演芸評論家という立場の人たちはダンマリの方が多い。関わり合いになりたくないという人もいるし、ネットやってないから知らない、という人もいる。

演芸評論家は芸を論じるのが仕事で、そういう問題の論評は控えるという立場の人ももちろんいる。ちょっと違うんじゃないのとは思うが、他人のことだから、それを批判はしない。いろんなしがらみで発言出来ない人もいるんだろう。

あるいは、有償でコメントを求められれば話すが、無償や安い金額では話さない、というのはわかる。演芸評論家も商売でやっているんだからね。それは正しい。

誰も暴力やパワハラがいいなんて思ってはいない。だけど、今までの慣例で、前座とか二ツ目は修業で、辛抱するのが当たり前、みたいなのはある。

落語協会は会社じゃないし、落語家を仕事にするのは就職じゃない。それこそ、江戸時代の商家の暖簾分けみたいな、三遊亭とか柳家とか、修業してそういう看板もらって一本立ち、みたいなものがある。そういうことに、少しでも関わりがあると、なんか言えなくなる。言うのがはばかられる。

でも、ある程度内側も知っていて……、わかった上で客観的に話せる立場の者はダンマリでいいわけはない、と私は思う。

稲田は何も知らない癖に勝手なことを言っている、と思う方は、どうか積極的にご自身の知っていることや、ご意見を言って欲しい。その呼び水になればいいんじゃないか。

私も聞かれなければ、多分、喋らなかった。

喋りたくても、やっぱりお金もらわないと、最初は勢いよく喋っても、徒労感が襲ってきて、だんだんトーンダウンする。

今回、幸か不幸か、有償でコメントを求められた。

この件を含めて落語家の師弟について語って欲しいという依頼が彩流社の河野和憲氏よりあった。十二年前に、小三治師匠や圓丈師匠に師弟のことをインタビューした本を出したことなどからの依頼であろうと思われる。

今回は最初から、この本を出すという目的があったので、少しまわり道をしながらも、言いたいことを書かせていただいた。

自分の書いたことが正しいなんて思っちゃいないし、結論もきちんと書いたわけではない。だから、この本も、なんか、議論のきっかけ、参考になればいいと思う。

圓歌さんは友達ではないけれど、三十数年前、彼が実験落語で一生懸命前座やっていたのを知っているし、天歌さんも、彼は私のことは知らないかもしれないが、ブークで何度かは会っている。

本文中に記した、講談の宝井琴柳さんの修業時代のエピソードが、芸人の了見としては一番好きだ。

誰もがそんな境地になれるわけじゃないけれど、落語家は修業して培った芸とか、一門の精神とか、そういうものを活かして、さらに自分で工夫して落語を作り上げて、結局のところは落語をやってお客さんを楽しませて、それにつきるんじゃないかなぁと思う。

稲田和浩

二〇二三年二月十六日

【著者】
稲田和浩
…いなだ・かずひろ…
東京都出身。作家、演芸作家(浪曲・落語・講談・漫才の台本、新内・長唄・琵琶・その他現代邦楽の作詞、演劇の脚本、演出)、演芸評論家など。日本脚本家連盟演芸部副部長(2023年3月現在)、文京学院大学外国語学部非常勤講師(日本文化論、芸術学)。主な著書「浪曲論」「大人の落語評論」「男の落語評論」「たのしい落語創作」「怪談論」など(彩流社)、「昭和名人この一席」(教育評論社)、「江戸落語で知る四季のご馳走」「水滸伝に学ぶ組織のオキテ」(平凡社新書)、「にっぽん芸能史」(映人社)など。小説「そんな夢をあともう少し」「女の厄払い」「豪傑岩見重太郎」(祥伝社文庫)。共著「五人の落語家が語る　ザ・前座修業」(守田梢路との共著／NHK新書)、「おやこで楽しむ講談入門」「おやこで楽しむ講談ドリル」(宝井琴星監修、小泉博明、宝井琴鶴との共著／彩流社)など。編著「落語演目・用語事典」(日外アソシエーツ)。

Sairyusha

師弟論《していろん》
二〇二三年四月二十五日　初版第一刷

著者――稲田和浩
発行者――河野和憲
発行所――株式会社 彩流社
〒101-0051
東京都千代田区神田神保町3-10大行ビル6階
電話：03-3234-5931
ファックス：03-3234-5932
E-mail：sairyusha@sairyusha.co.jp
印刷――明和印刷(株)
製本――(株)村上製本所
装丁――中山デザイン事務所(中山銀士＋金子暁仁)

ISBN978-4-7791-2890-5 C0076
http://www.sairyusha.co.jp

フィギュール彩

〔既刊〕

⑫大人の落語評論

稲田和浩◉著

定価(本体1800円+税)

ええぃ、野暮で結構。言いたいことがあれば言えばいい。書きたいことがあれば書けばいい。文句があれば相手になるぜ。寄らば斬る。天下無双の批評家が真実のみを吐く。

⑱忠臣蔵はなぜ人気があるのか

稲田和浩◉著

定価(本体1800円+税)

日本人の心を掴んで離さない忠臣蔵。古き息吹を知る古老がいるうちに、そういう根多の口演があればいい。さらに現代から捉えた「義士伝」がもっと生まれることを切望する。

⑲談志　天才たる由縁

菅沼定憲◉著

定価(本体1700円+税)

天才の「遺伝子」は果たして継承されるのだろうか？　落語界のみならずエンタメの世界で空前絶後、八面六臂の大活躍をした立川談志の「本質」を友人・定憲がさらりとスケッチ。

フィギュール彩

〔既刊〕

㉞ 怪談論

稲田和浩◉著

定価(本体 1800 円+税)

さあさあ、寄ってらっしゃい、見てらっしゃい！　夏の暑い夜、夕涼みの客のこころを摑んだのは、爆笑落語でもなく、人情噺でもなく、どこか妖しく気味の悪い怪談だった。

㊷ たのしい落語創作

稲田和浩◉著

定価(本体 1600 円+税)

これまで考えなかった文章づくりのノウハウを伝授する。新作落語とは何か、そしてそこから学ぶオモシロオカシイ文章の作り方を考える。「落語」から文章づくりの骨法を学ぶ。

❻❻ 〈男〉の落語評論

稲田和浩◉著

定価(本体 1800 円+税)

落語評論の主たる目的は次の三つ。(1)落語をひろく世間一般に知らしめること。(2)落語家の芸の向上を促すこと。(3)評論を通じて自己表現を行うこと。キモはコレだけだ。

フィギュール彩

〈既刊〉

㉙ 前座失格!?

藤原周壱◉著

定価（本体1800円＋税）

落語が大好きで柳家小三治師に入門。しかし、その修業は半端な了見で務まるものではなかった。波瀾万丈の日々を、極めて冷めた目で怒りをこめて振り返る。入門前とその後。

㊸ 演説歌とフォークソング

瀧口雅仁◉著

定価（本体1800円＋税）

添田唖蟬坊らによる明治の「演説歌」から、吉田拓郎、井上陽水、高田渡、そして忌野清志郎らの昭和の「フォークソング」にまで通底して流れている「精神」を犀利に分析する。

㊻ 三島由紀夫　幻の皇居突入計画

鈴木宏三◉著

定価（本体1800円＋税）

昭和史における「謎」の解明には檄文の読解が重要である。檄文こそが謎の解明を阻む壁なのだ。政治的にではなく文学的に西欧的な知の枠組みのなかで「三島由紀夫」を解剖する。